COLLECTION

3.0

Sciences numériques et Technologie

W0272067

2de

PROGRAMME 2019

Sous la direction de
Claire Savinas
Professeure de Mathématiques au lycée Jean Vilar de Villeneuve-lez-Avignon
Ingénieure en informatique et réseaux
Formatrice en SNT et Python

Stéphane Bonnaud
Professeur agrégé de Physique Chimie au lycée François Arago de Perpignan
Professeur d'informatique en classes préparatoires
Formateur Python et Arduino

Rémy Pagès
Professeur agrégé de Physique Appliquée au lycée Philippe Lamour de Nîmes
Chargé de formation en SNT

CAHIER DE L'ÉLÈVE

Nom ....

Prénom ....

Classe ....

bordas
éditeur

SOMMAIRE

Thème A Internet

Thème B Le Web

Thème C Les réseaux sociaux

Thème D Les données structurées et leur traitement

Thème E Localisation, cartographie et mobilité

Thème F Informatique embarquée et objets connectés

Thème G La photographie numérique

Thème H Notions transversales de programmation

Le site élève lycee.editions-bordas.fr/cahier-SNT

- De très nombreuses ressources développées spécifiquement pour l'utilisation du cahier.
- Un site simple d'accès : pas de login, pas de téléchargement, pas d'installation.

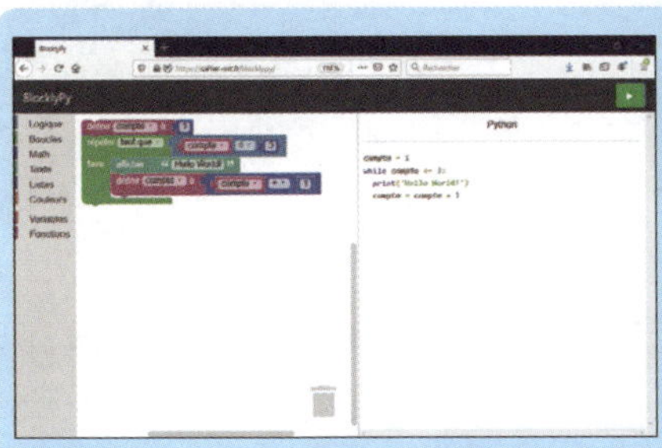

Une interface faisant le **lien entre Scratch et Python** (voir p. 117 et 118)

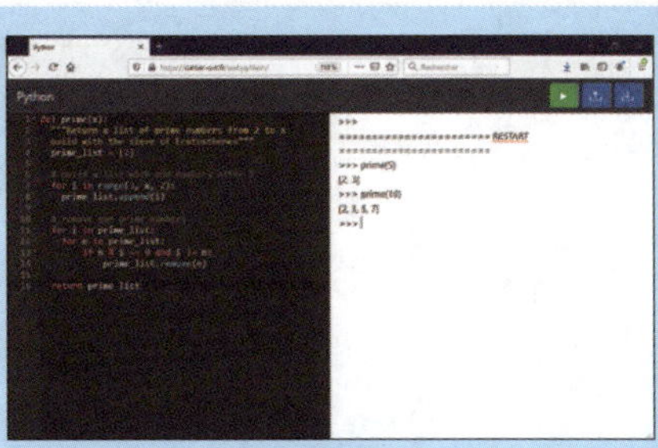

Une interface de programmation en **Python** (voir p. 117 à 126)

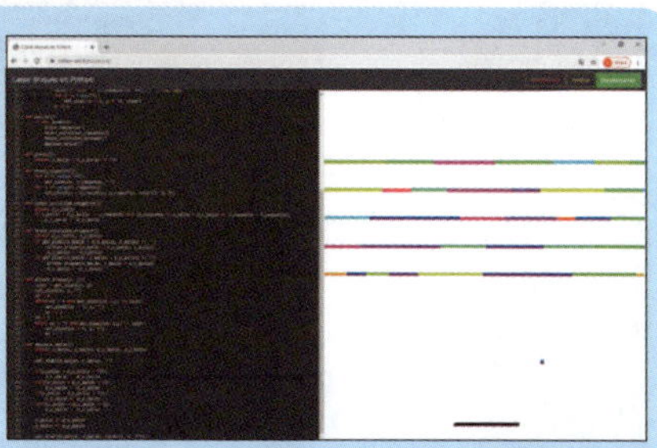

Une interface pour programmer des **jeux** en Python (voir p. 126)

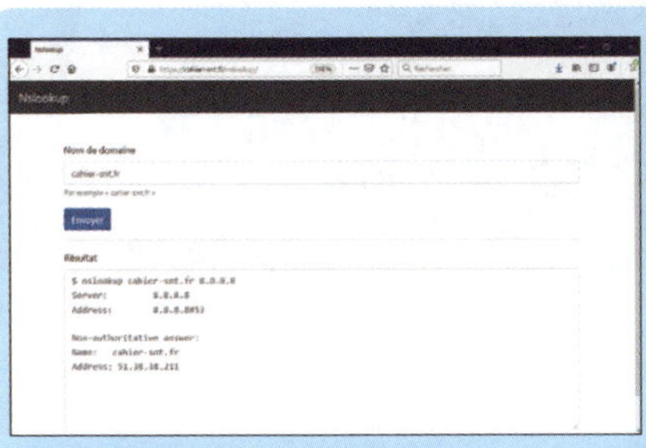

Des **outils de manipulations réseaux** (voir p. 14)

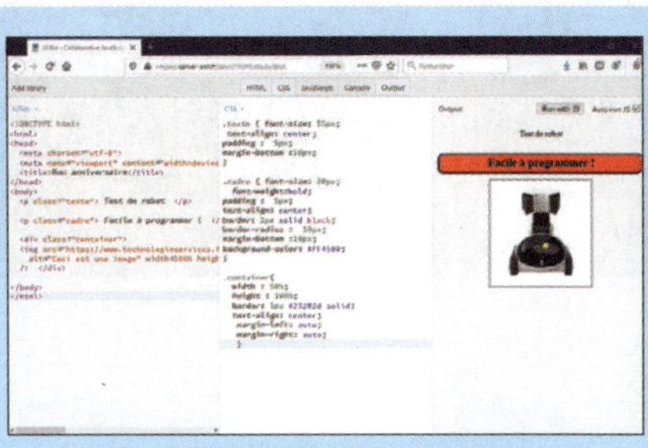

Une interface pour **programmer en HTML, en CSS et en JavaScript** et voir le rendu d'une page web en temps réel (voir p. 29 et 30)

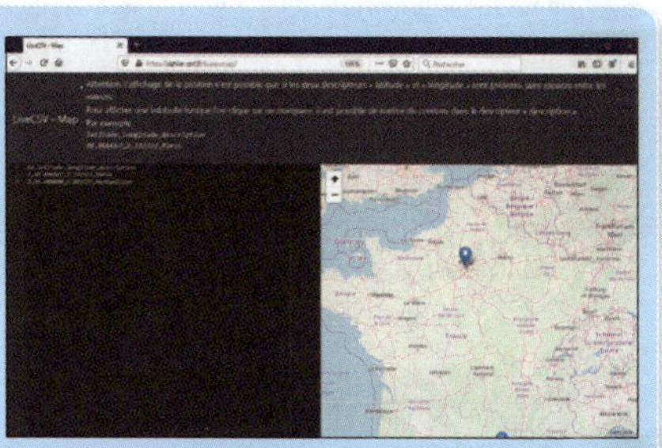

Une interface pour passer du format **CSV** à des points sur une carte (voir p. 61)

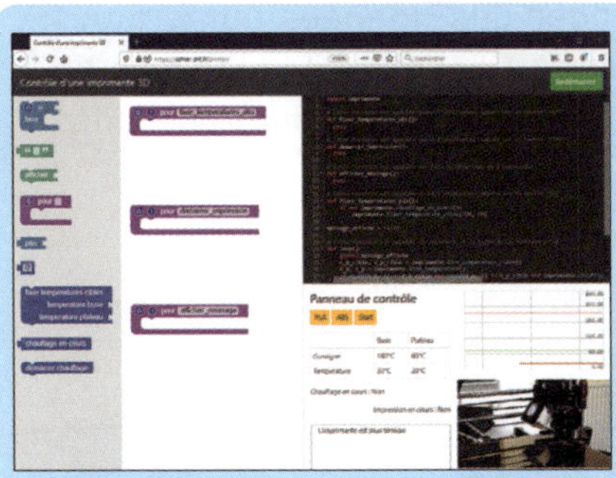

La programmation d'une **interface homme-machine** (voir p. 95)

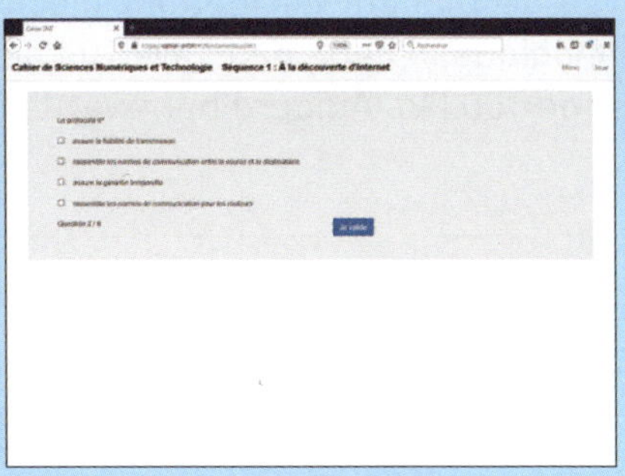

Des **QCM d'auto-évaluation** à chaque fin de séquence

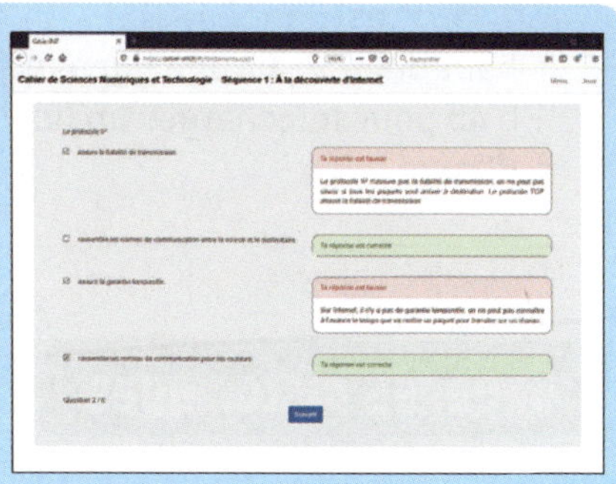

Correction commentée des **QCM d'auto-évaluation** à chaque fin de séquence

SÉQUENCE 1

À la découverte d'Internet

Le savais-tu ?

Anecdote 1

10 milliards : c'est le nombre d'*e-mails* qui sont échangés chaque heure, en moyenne, au niveau mondial !

Anecdote 2

En 1999 est lancé l'ADSL, un type de modem permettant d'échanger des données numériques « haut débit » sur une ligne téléphonique. À cette date, avec un débit de 128 kbit/s, il fallait environ 1 h 45 pour télécharger un fichier de 100 Mo. Aujourd'hui, avec la fibre optique, quelques secondes suffisent.

Repères historiques

1969
Création du premier réseau à transfert de paquets ArpaNet, par des universitaires américains. Internet a été influencé par son concept de communication.

1971
Création du projet français Cyclades, qui a inspiré les protocoles de communication d'Internet.

1982
Normalisation des protocoles de communication d'Internet.

1994
Ouverture d'Internet au grand public.

Activité 1 / Différents réseaux physiques pour se connecter

30 min

Arnaud a représenté tous les appareils de son domicile qui sont reliés à Internet.

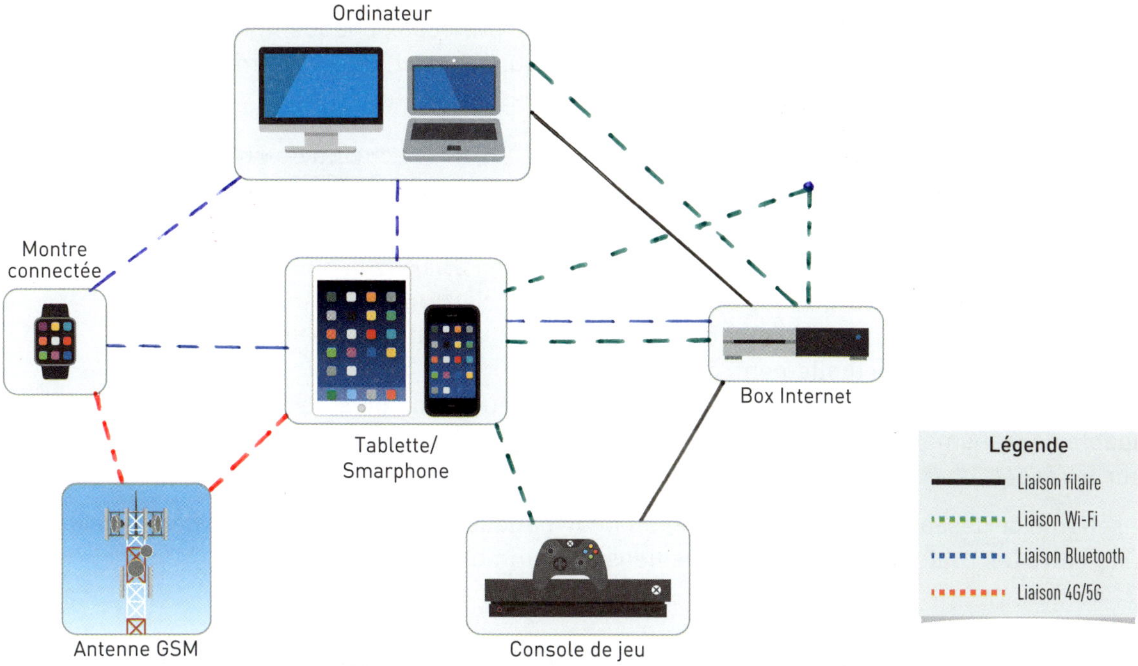

1. Connecter ces appareils en représentant toutes les liaisons possibles.

2. La mère d'Arnaud vient d'acheter un assistant personnel virtuel. L'ajouter dans le schéma avec ses liaisons possibles.

Internet s'appuie sur une grande variété de réseaux physiques qui présentent des caractéristiques variées. Le tableau ci-dessous compare plusieurs types de ces réseaux.

Réseaux physiques	Réseau filaire ou sans fil ?	Ordre de grandeur du débit binaire (Mbit/s)	Ordre de grandeur du débit (Mo/s)	Vitesse du réseau (lent ou rapide)
4G	sans fil	100 Mbit/s	12,5 Mo/s	lent
5G	....	1 000 Mbit/s	....	....
ADSL	....	25 Mbit/s	....	....
Bluetooth	....	2 Mbit/s	....	....
Ethernet (RJ45)	....	1 000 Mbit/s	....	....
Fibre optique	....	1 000 Mbit/s	....	....
Wi-Fi	....	100 Mbit/s	....	....

3. a. Compléter les 2e et 4e colonnes, sachant qu'un débit de 1 Mo/s équivaut à un débit de 8 Mbit/s.

b. On considère qu'un réseau physique est « lent » s'il met plus d'une seconde pour transférer une vidéo de 100 Mo. Compléter la dernière colonne du tableau.

4. Le Bluetooth est largement utilisé sur les appareils fonctionnant sur batterie comme les montres connectées. Son débit binaire est le plus faible des technologies présentées. À votre avis, pourquoi sert-il autant dans les appareils du quotidien ?

....

....

....

....

Activité 2 / Routage des données sur Internet

30 min

Internet met en relation des milliards d'appareils variés : ordinateurs, smartphones, tablettes, etc. Pour dialoguer entre eux, ces appareils ont besoin de règles de communication. C'est l'objectif du **protocole IP** (*Internet Protocol*). Grâce à ce protocole, chaque machine est identifiée de façon unique sur un réseau par une « **adresse IP** ». Sur Internet, plusieurs milliards d'adresses IP sont nécessaires pour identifier les différents appareils connectés !

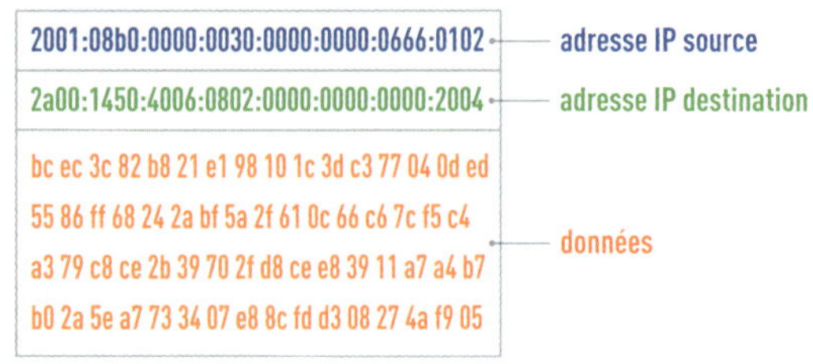

Lorsque deux machines échangent des données, les informations sont découpées en « paquets » de taille limitée, auxquels sont ajoutés un en-tête précisant l'adresse IP source et l'adresse IP destination.

Des appareils appelés **routeurs** se chargent ensuite de faire transiter les paquets de proche en proche jusqu'au destinataire. Actuellement, on dénombre plusieurs centaines de milliers de routeurs. Si un routeur reçoit plus de paquets qu'il n'est capable de transmettre, il peut décider de ne pas traiter certains paquets qui seront alors perdus pour le réseau.

Le schéma ci-dessous représente un réseau informatique par lequel un paquet doit transiter. Les traits entre les routeurs représentent les liens de communication entre eux.

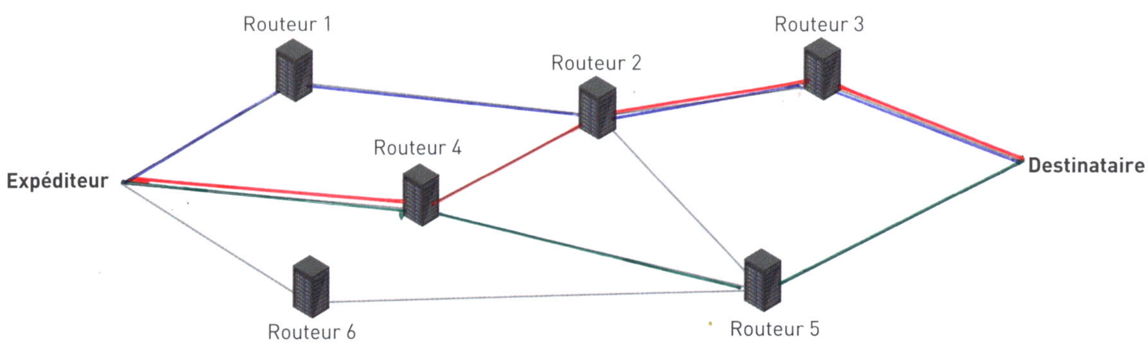

1. **Tracer en bleu et en vert deux chemins différents que peut emprunter le paquet de l'expéditeur au destinataire sur ce réseau.**

2. **Pensez-vous que chaque routeur connaisse la liste des routeurs par lesquels le paquet va transiter pour arriver à destination ?**

....

....

....

3. a. **Le routeur 5 est en panne, et le lien entre les routeurs 1 et 2 a été rompu suite à des travaux. Tracer en rouge un chemin que peut parcourir le paquet pour arriver à destination.**

b. **Quel est l'intérêt que plusieurs chemins différents existent entre un expéditeur et un destinataire ?**

....

....

....

Si chaque paquet émis arrive à destination, on dit qu'il y a « fiabilité de transmission ».

4. **Le protocole IP assure-t-il la fiabilité de transmission ?**

....

....

Activité 3 / Transport des données sur Internet

30 min

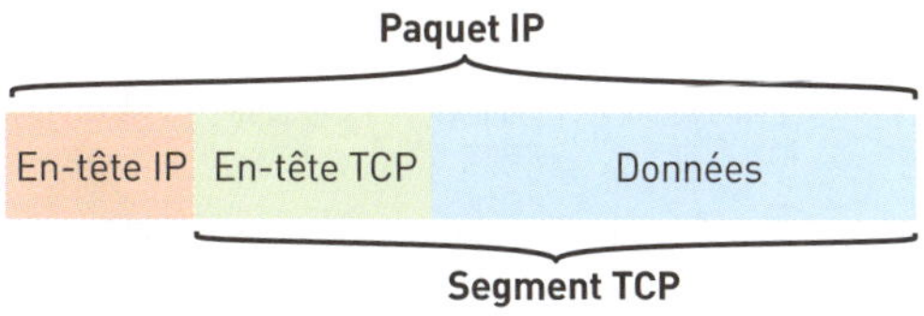

Grâce au protocole IP, les paquets de données transitent de routeur en routeur, depuis la source jusqu'au destinataire.

Quel que soit le type de données à transporter (du texte, des images, des sons, des vidéos), le **protocole TCP** va découper les données en segments de taille limitée, afin de respecter la limite de taille du réseau physique sur lequel les segments doivent transiter.
Un paquet IP transporte un seul segment TCP.

Pour mieux comprendre le routage des données sur Internet, nous allons faire l'analogie avec le tri postal. Chloé est partie en vacances et veut écrire à ses parents pour leur raconter son voyage, mais son récit détaillé nécessite quatre cartes postales. Lors du transit sur le réseau déjà chargé, les cartes postales vont suivre des chemins différents.

1. Tracer un chemin différent pour chacune des quatre cartes postales.

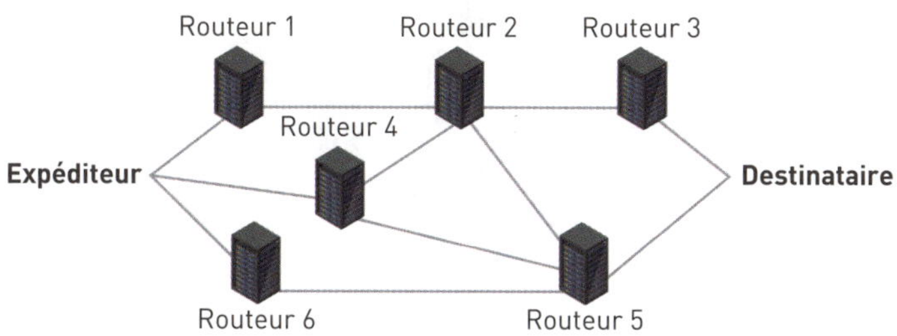

Une analogie avec l'envoi d'une carte postale

On considère un paquet (carte postale) qui transite sur un réseau. Ce paquet contient :
- une adresse IP source du paquet (l'adresse de l'expéditeur) ;
- une adresse IP destination du paquet (l'adresse du destinataire de la carte postale) ;
- un contenu de taille limitée (le message qui est écrit sur la carte postale).

Les routeurs sont alors les analogues des centres de tri pour le courrier postal. Le paquet est transmis de proche en proche jusqu'au destinataire, identifié par son adresse.

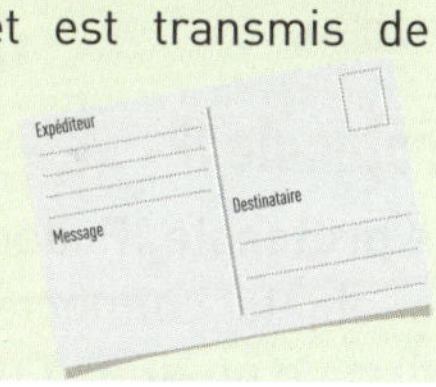

2. Les cartes arrivent dans l'ordre 3, 4, 2, 1.
Quelle précaution a dû prendre Chloé afin que les parents puissent reconstituer le récit ?

....

3. Les parents de Chloé n'ont reçu que les cartes postales 1, 3 et 4.
Que doivent-ils faire pour avoir le récit complet ?

....

Le principe que nous venons de voir correspond à peu près à celui du protocole TCP : celui-ci assure la numérotation des segments (cartes postales) pour que le destinataire puisse les remettre dans l'ordre. Il fixe également les règles d'échanges entre l'expéditeur et le destinataire ; ce dernier peut ainsi demander la réexpédition d'un paquet non reçu.

4. Qu'apporte le protocole TCP au protocole IP ? Y a-t-il « fiabilité de transmission » ?

....

....

....

Sur un réseau postal, il est possible d'envoyer une carte postale avec une garantie de livraison à J + 1. Il s'agit d'une garantie temporelle.

5. L'ensemble TCP/IP assure-t-il une garantie temporelle ? Pourquoi ?

....

....

....

L'essentiel du cours

Internet et les réseaux physiques

Internet est un réseau mondial qui connecte de très nombreux appareils via des liaisons filaires (câble Ethernet, fibre optique, ADSL, ...) ou sans fil (Wi-Fi, Bluetooth, 4G/5G, ...).
Le **débit** de ces réseaux dépend du type de liaisons et du fournisseur d'accès.

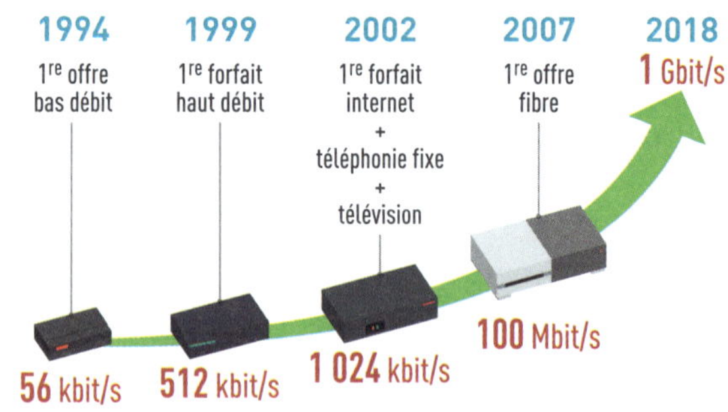

Le débit d'accès à Internet ne cesse d'augmenter grâce à de nouvelles solutions technologiques. Les applications et les usages actuels d'Internet nécessitent un débit toujours plus important.

Principe de routage

Internet fonctionne grâce à un algorithme qui fait transiter les données de leur émetteur à leur destinataire.
Ce **routage** est effectué par des machines appelées **routeurs**, qui échangent en permanence avec les routeurs voisins pour établir une table de routage (une carte locale de ce qu'ils voient du réseau). Les routeurs sont alors en mesure d'acheminer les données de proche en proche jusqu'au destinataire.
Lors du routage, il arrive néanmoins qu'un paquet soit détruit ou perdu, en raison d'une panne matérielle ou d'un encombrement du réseau.

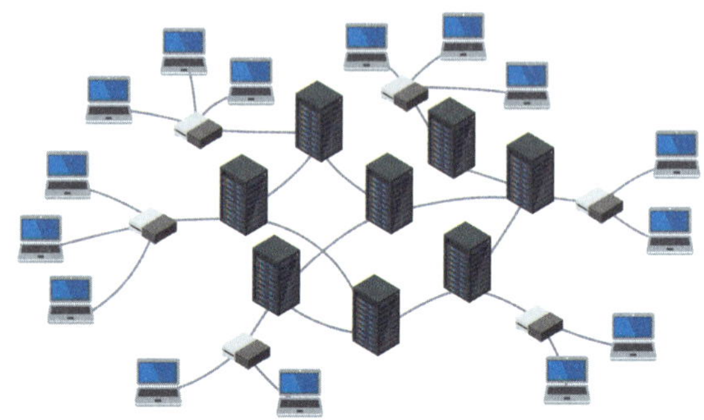

Un ensemble d'ordinateurs connectés grâce à des routeurs.

Protocole IP

Le **protocole IP** identifie tous les ordinateurs ou objets connectés à un réseau par une adresse unique et uniforme : l'**adresse IP**.
Les données qui s'échangent sur Internet sont découpées en paquets. Chaque paquet comporte une adresse IP source (adresse informatique de l'expéditeur) et une adresse IP destination (adresse informatique du destinataire).

```
2020:0cb8:0000:27a3:0000:0000:ac1f:8401
```

Exemple d'adresse IPv6 (version 6 du protocole IP).

Protocole TCP

Le **protocole TCP** fixe les règles d'échange entre la source et le destinataire. Les données à envoyer sont découpées en segments numérotés, ce qui permet au récepteur de détecter la perte d'un paquet et d'en demander ensuite la réexpédition.

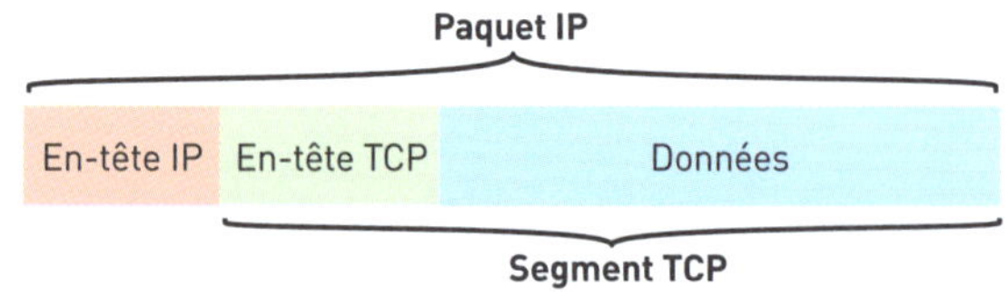

Les données sont « enveloppées » par plusieurs couches de protocoles. Le segment TCP est encapsulé dans le paquet IP. L'en-tête IP contient les adresses IP source et destination.

Fiabilité de transmission et garantie temporelle

Les protocoles IP et TCP sont complémentaires. L'ensemble TCP/IP assure l'acheminement et la **fiabilité de transmission** du message, c'est-à-dire que tous les paquets arrivent à destination, avec éventuellement des retransmissions.
En revanche, il n'assure pas la **garantie temporelle** : le temps que mettra le paquet à arriver à destination est plus ou moins long, ce qui peut nuire, par exemple, à la qualité du streaming des vidéos.

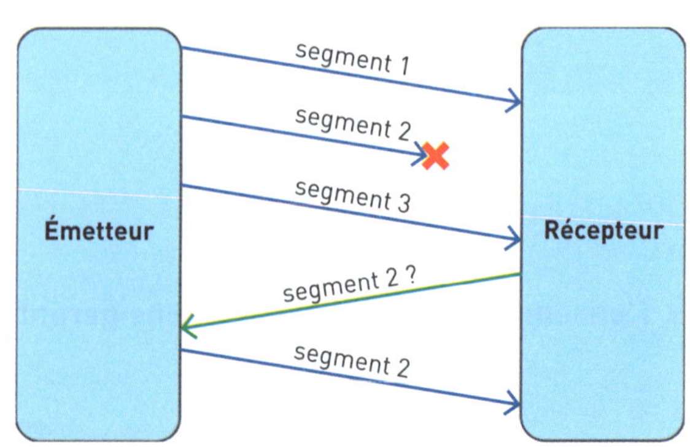

Exemple de communication avec le protocole TCP/IP. La fiabilité de transmission est assurée.

Les définitions à connaître

• **Internet** désigne le réseau informatique mondial, accessible à tout le monde grâce à son universalité. Ce terme, d'origine américaine, est dérivé d'*interconnected network*, ce qui signifie « réseau interconnecté ».
• Un **routeur** est un équipement informatique qui assure le transit des données de proche en proche, afin que le message soit acheminé de la source au destinataire.
• Le **routage** est le mécanisme de transport d'un paquet de données d'une source à un destinataire via des routeurs.
• Le **protocole IP** (abréviation d'*Internet Protocol*) est un ensemble de normes utilisées pour acheminer des données de son émetteur vers son récepteur, de routeur en routeur.
• Une **adresse IP** est une suite de chiffres et de lettres qui identifie une machine de façon unique sur un réseau.
• Le **protocole TCP** (abréviation de *Transmission Control Protocol*) est un ensemble de normes utilisées pour assurer la communication entre l'émetteur et le destinataire, et qui assure la fiabilité de transmission.

Carte mentale

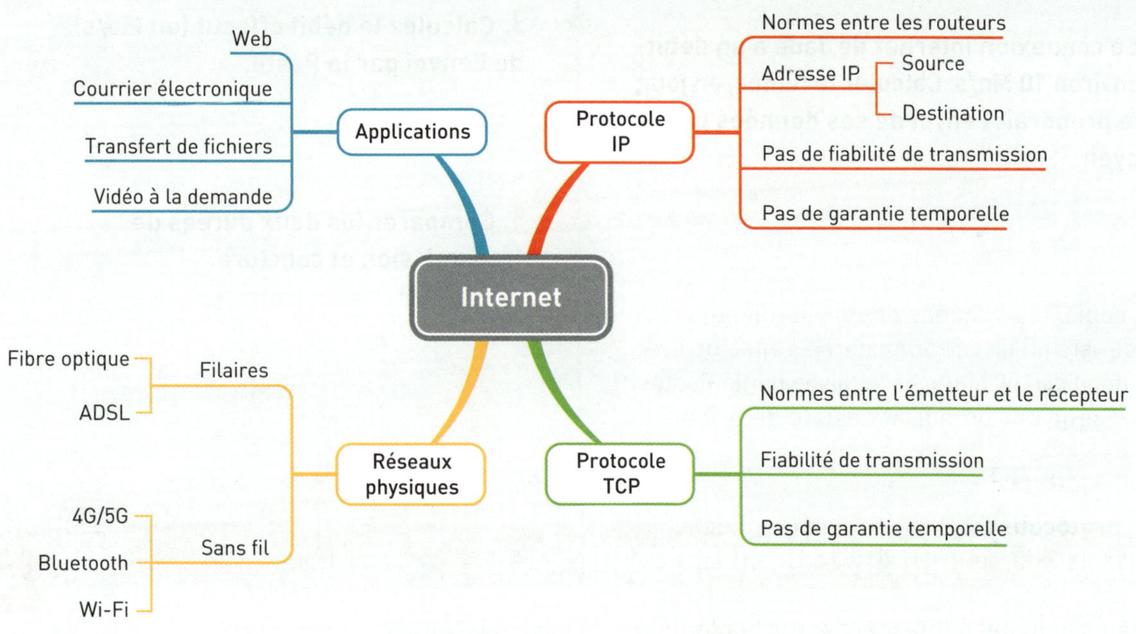

Ce qu'il faut retenir

Je dois être capable de :

☐ distinguer le rôle des protocoles IP et TCP
☐ caractériser les principes du routage et ses limites
☐ distinguer la fiabilité de transmission et l'absence de garantie temporelle
☐ caractériser quelques types de réseaux physiques : obsolètes ou actuels, rapides ou lents, filaires ou non

EXERCICE 1 / Protocole IP ou protocole TCP ?

5 min

Relier chaque protocole (TCP ou IP) à ses caractéristiques.

Protocole IP •	• Normes de communication pour les routeurs
	• Normes de communication entre la source et le destinataire
Protocole TCP •	• Fiabilité de transmission
	• Garantie temporelle

EXERCICE 2 / Calcul d'une durée de transmission

20 min

Jade passe ses week-ends à filmer la nature. Sur son ordinateur, elle dispose de 6 To de données qu'elle souhaite envoyer à un service de montage en ligne. Ce service propose soit d'envoyer ses fichiers par Internet, soit d'expédier directement un disque dur externe par voie postale. On donne 1 To = 10^6 Mo.

1. La connexion internet de Jade a un débit d'environ 10 Mo/s. Calculer le temps, en jour, que prendrait l'envoi de ses données par ce moyen.

....

....

La copie des données depuis l'ordinateur de Jade vers un disque dur externe s'effectue avec un débit de 150 Mo/s. La livraison par la Poste du disque dur prendrait ensuite deux jours.

2. Calculer le temps, en heure, que mettrait l'envoi des données avec cette option.

....

....

....

....

....

3. Calculez le débit effectif (en Mo/s) de l'envoi par la Poste.

....

....

4. Comparer les deux durées de transmission et conclure.

....

....

....

EXERCICE 3 / Temps de téléchargement

20 min

Depuis le début d'Internet, les technologies n'ont cessé d'évoluer.

1. Avant l'an 2000, les modems avaient un débit binaire moyen de 56 kbit/s. Sachant que 1 octet = 8 bits, en déduire la durée de téléchargement, en heure, d'un album musical de 650 Mo.

....

....

....

2. Aujourd'hui, la valeur du débit binaire moyen par fibre optique est d'environ 300 Mbit/s. En déduire la durée de téléchargement, en seconde, de ce même album musical.

....

3. Par quel coefficient le débit a-t-il été multiplié depuis l'an 2000 ?

....

Exercice 4 / Le site est inaccessible !

20 min

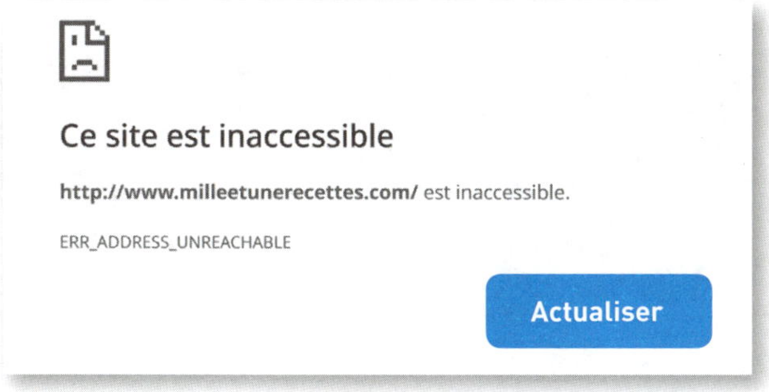

Le site de recettes de cuisine préféré de Robin ne répond plus ! Curieux, il essaye de comprendre pourquoi. Il saisit la commande « traceroute » dans la console de son système d'exploitation Linux :

```
$ traceroute -m 15 -n -q1 www.milleetunerecettes.com
```

Cette commande affiche les quinze premiers routeurs traversés pour joindre une adresse sur le Web.
Le format de sortie est : **<numéro du routeur traversé> <IP de ce routeur> <temps>**.

Les adresses IP de cet exercice sont des adresses IPv4, de la version 4 du protocole IP.

Voici le résultat de la commande `traceroute` :

```
traceroute to www.milleetunerecettes.com
(172.217.18.228), 15 hops max, 60 byte packets
 1  192.168.1.1    2.102 ms
 2  80.10.235.45    3.919 ms
 3  193.253.86.158    4.700 ms
 4  193.252.161.25    7.366 ms
 5  81.253.183.34    7.361 ms
 6  72.14.197.204    8.125 ms
 7  108.170.252.241    7.787 ms
 8  81.253.183.34    7.365 ms
 9  72.14.197.204    8.129 ms
10  108.170.252.241    7.775 ms
11  81.253.183.34    7.361 ms
12  72.14.197.204    8.125 ms
13  108.170.252.241    8.785 ms
14  81.253.183.34    8.363 ms
15  72.14.197.204    9.127 ms
```

1. Que constatez-vous à partir du 7e routeur traversé ?

....

....

2. Pensez-vous que cela puisse expliquer le message d'erreur affiché dans le navigateur de Robin ?

....

3. Est-ce l'ordinateur de Robin qui a un problème ?

....

....

Les paquets IP sont munis d'un champ appelé TTL (Time To Live), que l'on peut traduire par « reste à vivre ». Ce champ est initialisé par l'émetteur à 255 en général, et chaque routeur traversé décrémente ce champ (c'est-à-dire retire 1 à la valeur précédente).

4. Selon vous, que fait un routeur lorsque le champ TTL arrive à 0 ? Expliquer l'utilité de cette action.

....

....

....

Travailler en autonomie

Je révise pour l'évaluation

Aller sur lycee.editions-bordas.fr/cahier-SNT pour accéder à des QCM d'auto-évaluation.

SÉQUENCE 2

Plongée au cœur d'Internet

Le savais-tu ?

Anecdote 1

En France, pour plus de 70 % des personnes interrogées, le fait de disposer d'un accès à Internet est un critère « plutôt important » voire « très important » pour choisir un lieu de vacances.

Anecdote 2

Entre janvier et août 2019, la Hadopi a envoyé environ 500 000 courriers électroniques à des internautes dont la ligne a été détectée en train d'échanger un fichier protégé par le droit d'auteur sur un réseau pair-à-pair comme BitTorrent et eMule.

Repères historiques

1983
Création du DNS (*Domain Name System*) qui fait la correspondance entre une adresse symbolique et une adresse IP.

1999
Napster, premier logiciel de pair-à-pair utilisé à grande échelle pour du téléchargement illicite.

2002
Création de BitTorrent, protocole de transfert de données pair-à-pair pour distribuer de grandes quantités de données en répartissant la charge.

2009
Création du Bitcoin, monnaie virtuelle basée sur le principe du pair-à-pair.

Activité 1 / Les évolutions du trafic de données sur Internet

30 min

Fanny a lu que certains fournisseurs d'accès envisageraient de facturer les services de vidéo sur Internet. Pourtant, elle a étudié en SNT que sur Internet, toutes les données transitent découpées en « paquets » que rien ne distingue a priori… Le traitement « égal » de ces paquets est à la base de la **neutralité du Net**, un principe fondateur d'Internet qui garantit que les réseaux sur lesquels les données transitent ne les discriminent pas en fonction de leur contenu. Ce qui signifie que quelle que soit l'activité de Fanny, qu'elle regarde une vidéo sur Internet ou qu'elle envoie un *e-mail*, le fournisseur d'accès ne limite pas le débit, ni ne lui facture de coût supplémentaire. Comment expliquer la remise en question de la neutralité du Net ?

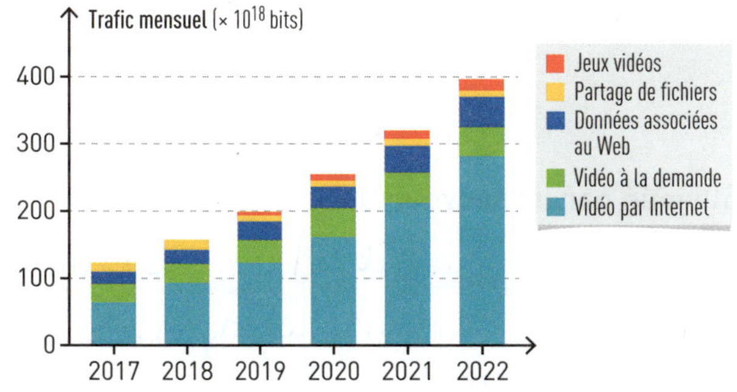

1. a. Commenter l'évolution entre 2017 et 2022 de la quantité de données transitant sur Internet.

……………………………………

……………………………………

……………………………………

……………………………………

b. Quelle est l'activité responsable de la plus grande part du trafic mondial de données ? Évaluer la proportion que cette activité a pris au cours des trois dernières années.

……………………………………

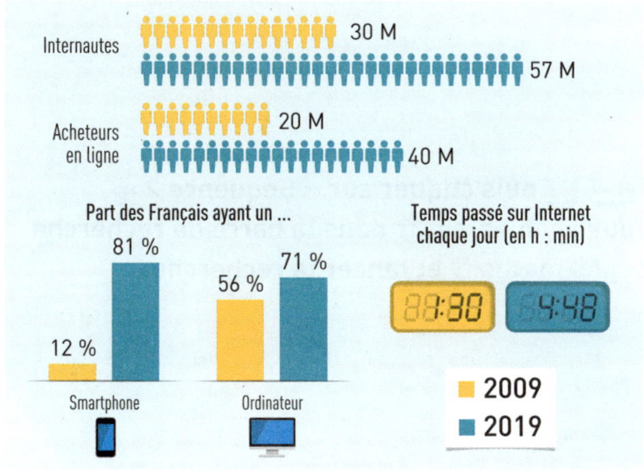

2. À partir du document ci-contre, comparer l'utilisation d'Internet en France en 2009 et en 2019.

……………………………………

……………………………………

……………………………………

……………………………………

3. Comment justifier que le temps passé sur Internet a été multiplié par trois en une décennie ?

……………………………………

……………………………………

4. Le déploiement de la 5G multiplie par dix le débit d'Internet sur les smartphones par rapport à la 4G. Formuler une hypothèse sur l'évolution du trafic dans les années à venir.

……………………………………

……………………………………

……………………………………

5. Expliquer pourquoi certains craignent l'apparition d'un Internet « à différentes vitesses » en cas d'abandon de la neutralité du Net.

……………………………………

……………………………………

……………………………………

……………………………………

Activité 2 / Adresses IP et serveurs DNS

30 min

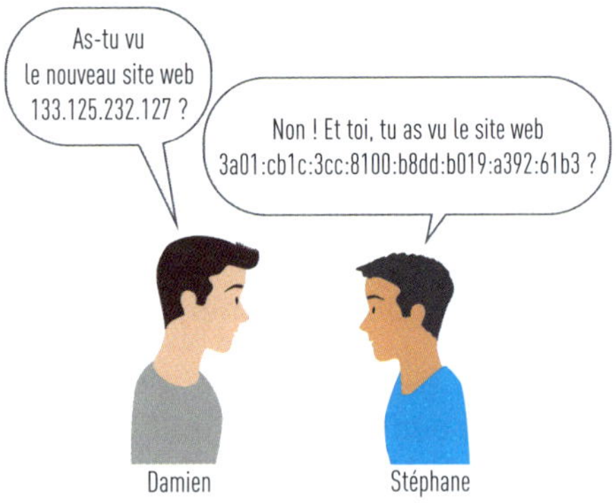

Voici un exemple de dialogue qui aurait pu se tenir si le principe du DNS (Domain Name System) n'avait pas été mis en place dès 1983 ! Pour discuter de leurs sites web favoris, Damien et Stéphane mentionnent des **adresses IP** (version IPv4 comme le site de Damien, ou version IPv6 comme celui de Stéphane) plutôt que des **adresses symboliques**, également appelées **noms de domaine**.

En 2020, il y avait plus de 1 750 000 000 noms de domaine, et la liste ne cesse d'évoluer.

Découvrons le principe du DNS et l'utilité de ces adresses symboliques.

1. À partir du schéma ci-dessous, expliquer le rôle joué par un serveur DNS.

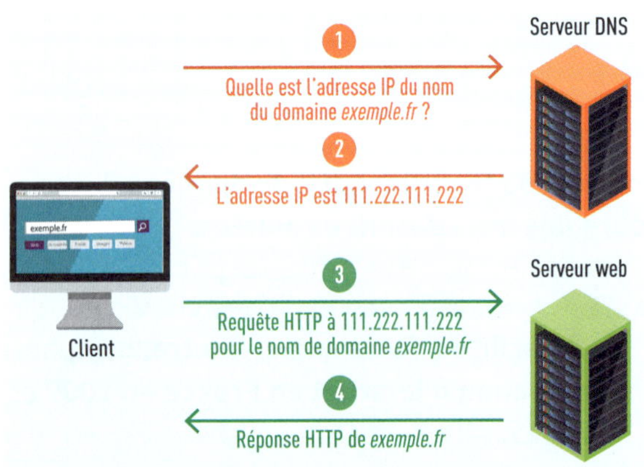

....

....

....

....

....

....

....

....

2. Aller sur le site lycee.editions-bordas.fr/cahier-SNT puis cliquer sur « Séquence 2 » et « Interface réseau ». Saisir l'adresse symbolique : cahier-snt.fr dans la barre de recherche et lancer la recherche. Puis faire de même avec cqfd-maths.fr et lancer la recherche. Que remarquez-vous ? Expliquer ce résultat.

....

....

....

3. Saisir parcoursup.fr dans la barre de recherche. Que remarquez-vous ? Expliquer l'intérêt de ce procédé pour gérer l'affluence.

....

....

....

....

4. Saisir dans le champ IP l'adresse 8.8.8.8 et cliquer sur chercher. À quoi correspond-il ?

....

....

5. Cliquer sur le bouton « Quelle est mon adresse IP ? ». La comparer à celle de votre voisin.

....

....

Activité 3 / Télécharger sur des réseaux pair-à-pair

40 min

Paul a participé à une sortie scolaire avec toutes les classes de son lycée. Il a récupéré les nombreuses photos prises lors de la sortie et demande à l'administrateur réseau de son lycée de les mettre sur le site web de l'établissement, protégées par un mot de passe. La taille du dossier de photos est de 10 Go (1 octet correspond à 8 bits, et 1 Go à 1 000 Mo).

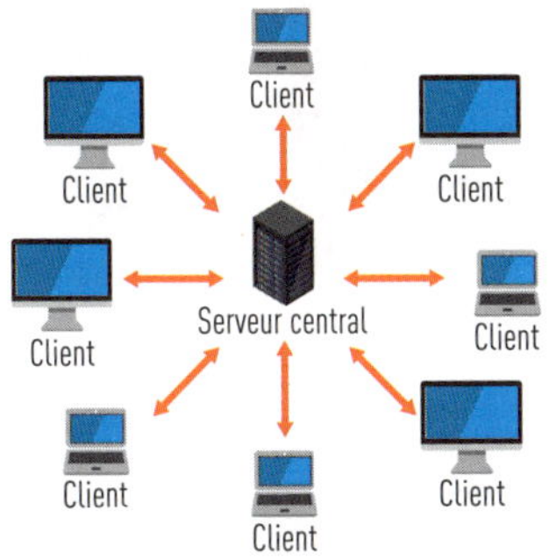

À la sortie des cours, tous les élèves tentent de récupérer les photos, et le serveur est fortement sollicité. Le serveur du lycée permet de télécharger à un débit binaire maximal (aussi appelé « bande passante ») de 100 Mbit/s, qui est partagé entre tous les clients. Les élèves disposent également d'une connexion à 100 Mbit/s à leur domicile. Le schéma ci-contre représente les échanges entre le serveur du lycée et les ordinateurs des élèves, considérés comme des clients.

1. a. On considère que 100 élèves se connectent simultanément au serveur du lycée, et qu'ils partagent équitablement la bande passante. Quel sera le débit binaire moyen du téléchargement ? ....

b. Calculer alors la durée de téléchargement, en heure, de l'ensemble des photos par un élève.

....

....

Paul, qui est impatient, a alors l'idée de déposer les photos sur un **réseau pair-à-pair** ou *p2p* (*peer-to-peer* en anglais). Dans ce cas, chaque ordinateur ayant déjà téléchargé les photos peut devenir un serveur à son tour, et transférer les données aux autres internautes. Paul installe un logiciel de pair-à-pair sur son ordinateur et conseille à ses camarades d'en faire autant.

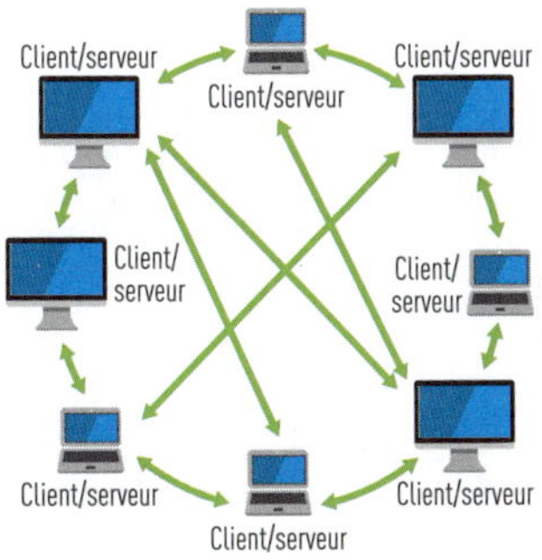

2. a. Au bout d'un certain temps, 50 élèves ont récupéré toutes les photos. Que devient alors la bande passante disponible pour les 50 autres élèves ?

....

....

b. Calculer la nouvelle durée de téléchargement, en minute.

....

3. À partir de vos réponses aux questions 1 et 2, décrire l'intérêt du réseau pair-à-pair.

....

....

4. Rechercher sur le Web trois exemples de réseau pair-à-pair.

....

5. Pourquoi les réseaux pair-à-pair facilitent-ils le téléchargement des fichiers populaires ?

....

....

....

6. Les logiciels pair-à-pair sont-ils légaux ? Donner des exemples d'utilisations illégales.

....

....

....

L'essentiel du cours

Le trafic sur Internet

En 2021, la quantité de données échangées sur Internet est estimée à **3 300 milliards de milliards d'octets**, soit 3,3 × 10^9 To.
Le trafic sur Internet a augmenté de près de 40 % entre 2017 et 2019 et devrait doubler entre 2019 et 2022. Le visionnage de vidéos, qui représente déjà plus de la moitié du trafic, est en très forte augmentation.

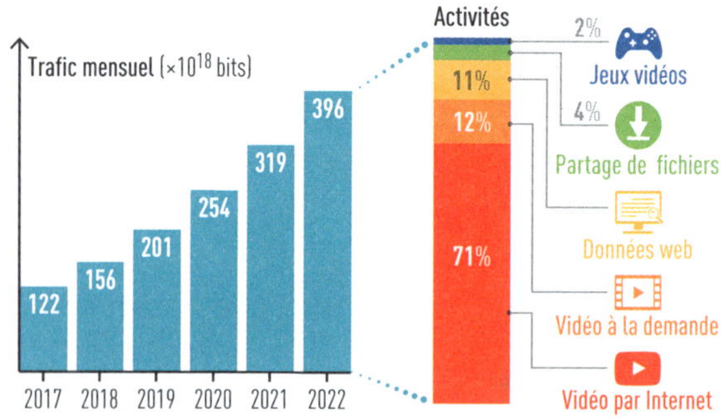

Les évolutions du trafic sur Internet.

Des pratiques en question

La **neutralité du Net**, principe fondateur d'Internet, garantit que les réseaux sur lesquels les données transitent ne discriminent pas les communications en fonction de leur contenu. Ce principe est parfois remis en cause par les fournisseurs d'accès.
Internet est aussi vulnérable aux attaques par saturation de service, quand un pirate prend le contrôle d'un grand nombre de machines pour envoyer des messages à un site web donné : ce dernier est alors surchargé, ce qui provoque un **déni de service**.

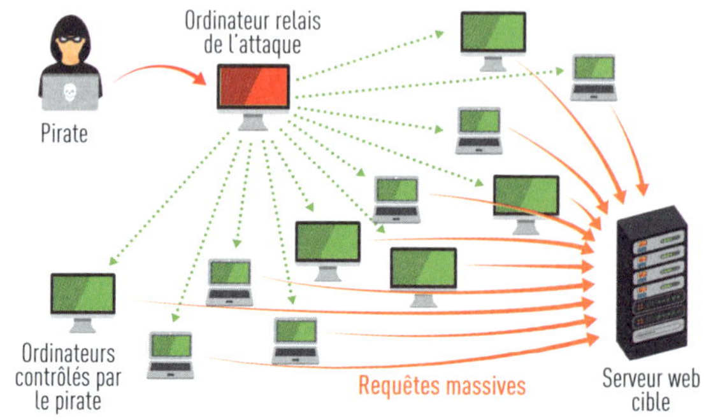

L'attaque par déni de service : des machines inondent un serveur de requêtes afin d'empêcher son bon fonctionnement.

Rôle des serveurs DNS

Le principe du **serveur DNS** (*Domain Name System*) est de faire la correspondance entre une **adresse symbolique** (texte compréhensible rendant l'adresse facilement mémorisable) et l'**adresse IP** du serveur web.
Il est réalisé par un grand nombre d'ordinateurs répartis sur le réseau et constamment mis à jour.
Une adresse symbolique peut correspondre à plusieurs adresses IP de serveurs, afin de répartir la charge du trafic.
De même un serveur web, identifié par une seule adresse IP, peut correspondre à plusieurs adresses symboliques, puisque le serveur peut héberger plusieurs services.

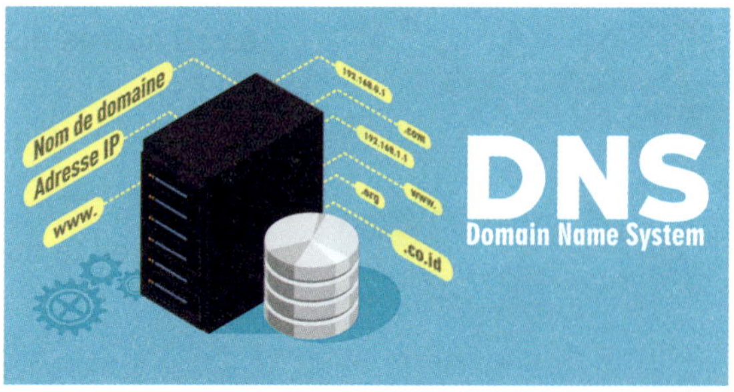

Lorsqu'un internaute saisit une adresse symbolique dans un navigateur, celui-ci envoie une requête au serveur DNS pour connaître l'adresse IP du serveur.

Réseaux pair-à-pair

Dans un **réseau pair-à-pair** (ou *p2p*), un ordinateur est à la fois client et serveur en fonction du besoin.
Cette architecture permet de répartir les données à échanger sur un grand nombre de machines du réseau. Les données sont alors accessibles sur plusieurs machines, ce qui optimise la bande passante, c'est-à-dire le débit disponible par client pour télécharger.
Les réseaux pair-à-pair sont principalement utilisés pour **partager des fichiers**. Le téléchargement et l'échange de fichiers sans l'accord de leur propriétaire sont **illégaux**.

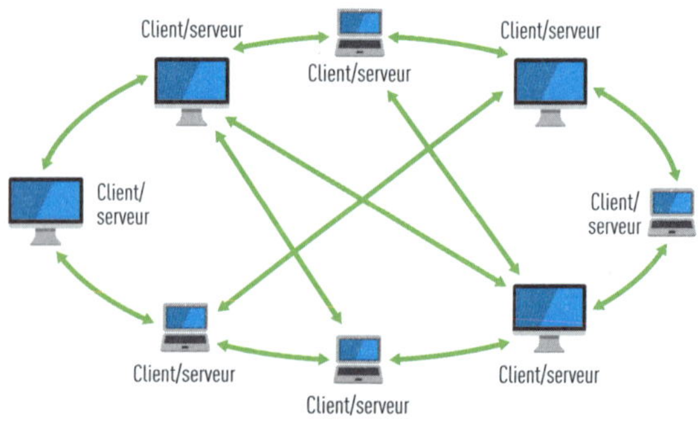

Une architecture pair-à-pair.

La monnaie virtuelle Bitcoin exploite également un réseau *p2p*.

Les définitions à connaître

- Un **serveur** désigne une machine ou un logiciel qui accepte des connexions venant d'un ou plusieurs clients pour leur fournir un service, par exemple un serveur web.
- En informatique, un **client** désigne une machine ou un logiciel qui permet de se connecter à un serveur et d'utiliser le service fourni, par exemple un navigateur web.
- Une **adresse symbolique** ou **nom de domaine** est un texte compréhensible facile à mémoriser, qui correspond souvent au nom de l'entreprise ou au service proposé par le site web.
- Un **serveur DNS** (*Domain Name System* ou « système de noms de domaine ») fait la correspondance entre les adresses symboliques et les adresses IP.
- Il existe différentes architectures de réseau :
  – le **modèle client-serveur** est constitué de serveurs qui fournissent les services et des clients qui s'y connectent. Leurs rôles ne sont pas interchangeables ;
  – le **modèle pair-à-pair** (*peer-to-peer* en anglais, *p2p*) est un principe d'échange où chaque ordinateur est à la fois client et serveur.

Carte mentale

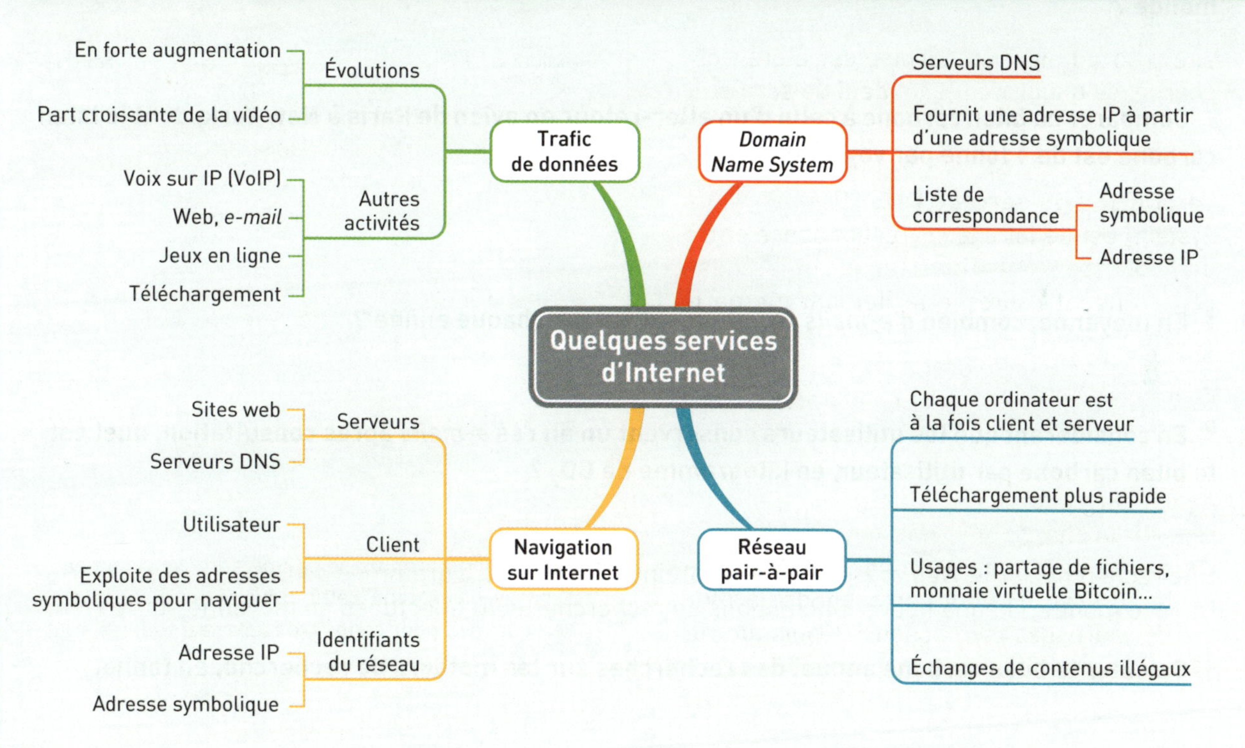

Ce qu'il faut retenir

Je dois être capable de :

- ☐ caractériser l'ordre de grandeur du trafic de données sur Internet et son évolution
- ☐ retrouver une adresse IP à partir d'une adresse symbolique et inversement, sur des exemples réels
- ☐ décrire l'intérêt des réseaux pair-à-pair ainsi que les usages illicites qu'on peut en faire

EXERCICE 1 / Et si on parlait bilan carbone ?

30 min

Nos pratiques quotidiennes comme l'envoi de courriers électroniques et l'utilisation de moteurs de recherche ne sont pas anodines.

Quelques chiffres sur le courrier électronique

En 2019, 3,9 milliards de personnes dans le monde utilisent le courrier électronique (ou *e-mail*) pour communiquer, ce qui représente 250 milliards de courriers électroniques échangés chaque jour. L'envoi et le stockage de ces *e-mails* utilisent les infrastructures du réseau internet et des serveurs informatiques, qui consomment de l'électricité en permanence.

– Le bilan carbone de l'envoi d'un *e-mail* dépend de la taille des pièces jointes, et il est proportionnel au nombre de destinataires. L'envoi d'un courrier électronique d'une taille de 1 Mo a un bilan carbone de 19 g de CO_2.

– Le bilan carbone moyen du stockage d'un *e-mail* sur Internet pendant un an est de 10 g de CO_2.

1. Cocher les principales raisons du remplacement du courrier postal par le courrier électronique :

☐ rapidité ☐ sécurisation des échanges ☐ fonctionnalités supplémentaires ☐ écologique

2. a. On suppose que les courriers électroniques échangés au niveau mondial font 1 Mo en moyenne. Quel est le bilan carbone annuel, en tonne de CO_2, des échanges par *e-mails* dans le monde ?

....

b. Comparer ce bilan carbone à celui d'un aller-retour en avion de Paris à New York, dont le bilan carbone est de 1 tonne par voyageur.

....

....

3. En moyenne, combien d'*e-mails* reçoit un utilisateur chaque année ?

....

4. En considérant que les utilisateurs conservent un an ces *e-mails* après consultation, quel est le bilan carbone par utilisateur, en kilogramme de CO_2 ?

....

Une recherche sur le Web présente une empreinte carbone de 5 grammes de CO_2.
Dans le monde, chaque heure, 140 millions de recherches sont effectuées en moyenne sur le Web.

5. Calculer le bilan carbone annuel des recherches sur les moteurs de recherche, en tonne.

....

6. Cocher les gestes à adopter pour limiter notre empreinte carbone :

- ☐ Trier les *e-mails* à conserver
- ☐ Se désabonner des newsletters que l'on ne lit pas
- ☐ Ne pas multiplier inutilement le nombre de destinataires d'un *e-mail*
- ☐ Limiter l'envoi d'*e-mails*
- ☐ Compresser les pièces jointes
- ☐ Ne pas envoyer de courrier électronique
- ☐ Supprimer sa boîte mail
- ☐ Éviter d'envoyer des pièces jointes
- ☐ Stocker ses *e-mails* sur son ordinateur plutôt qu'en ligne
- ☐ Limiter la taille des pièces jointes
- ☐ Supprimer les boîtes mails non utilisées
- ☐ Ne plus faire de recherche sur les moteurs de recherche
- ☐ Bien réfléchir aux mots-clés d'une recherche dans un moteur de recherche
- ☐ Ne pas utiliser la barre d'adresse comme moteur de recherche quand on connaît le nom de domaine

Exercice 2 / Ce site est inaccessible !

5 min

Robin ne parvient pas à se connecter au site web : www.milleetunerecettes.com.

Expliquer pourquoi.

....

....

....

....

Exercice 3 / Le principe d'une monnaie virtuelle

20 min

La monnaie virtuelle Bitcoin a été créée en 2009. La liste de transactions effectuées avec cette monnaie est appelée *blockchain* (« chaîne de blocs »). En effet, chaque nouvelle transaction est incorporée dans un bloc qui est ajouté, après validation, après les blocs précédents. En parcourant la *blockchain*, il est donc possible de connaître l'état des comptes.

1. À votre avis, pourquoi le stockage de la *blockchain* est-il réalisé en pair-à-pair ?

....

....

....

Le réseau *p2p* est également exploité pour ajouter une « signature » au dernier bloc de la *blockchain*. Cette opération exige de très nombreux calculs qui sont réalisés en parallèle par tous les membres du réseau. Actuellement, 10 minutes de calculs réalisés par des millions d'ordinateurs sont nécessaires pour signer un bloc. Cette activité, appelée « minage », est récompensée par l'attribution de bitcoins.

2. Selon vous, quelle est l'utilité de ce mécanisme ?

....

....

La puissance de calcul du réseau Bitcoin a pour unité le « hash par secondes » et vaut environ $100 \cdot 10^{18}$ H/s en 2020. Une des dernières machines dédiées au minage a une puissance de calcul de $67 \cdot 10^{12}$ H/s et consomme 2 680 W.

3. Estimer la consommation électrique du réseau Bitcoin, puis comparer le résultat à la production d'un réacteur nucléaire, qui est de 1 000 MW.

....

....

Travailler en autonomie

Je révise pour l'évaluation

Aller sur lycee.editions-bordas.fr/cahier-SNT pour accéder à des QCM d'auto-évaluation.

SÉQUENCE 3

À la découverte du Web

Le savais-tu ?

Anecdote 1

Le tout premier achat en ligne a eu lieu en 1994 (une transaction d'une dizaine de dollars pour un CD audio du chanteur Sting !). Plus de 700 milliards de paiements électroniques ont été effectués sur le Web en 2019.

Anecdote 2

On estime que 1,4 milliard de sites web ont été créés dans le monde depuis le début du Web.

Repères historiques

1965
Invention et programmation du concept d'hypertexte par le sociologue américain Ted Nelson.

1989
Naissance du Web au CERN de Genève. Il s'agissait, à l'origine, d'offrir la possibilité aux scientifiques d'échanger facilement des informations dans le monde entier.

1993
Mosaic, le tout premier navigateur, est disponible pour le grand public. Il démocratise le Web et déclenche la création massive de nouvelles pages.

2010
Développement des premières applications web pour les smartphones.

Activité 1 / Qu'est-ce qu'une page web ?

30 min

Les pages des sites web sont accessibles en ligne et sont affichées grâce à un navigateur.

1. Citer différents noms de navigateurs.

....

....

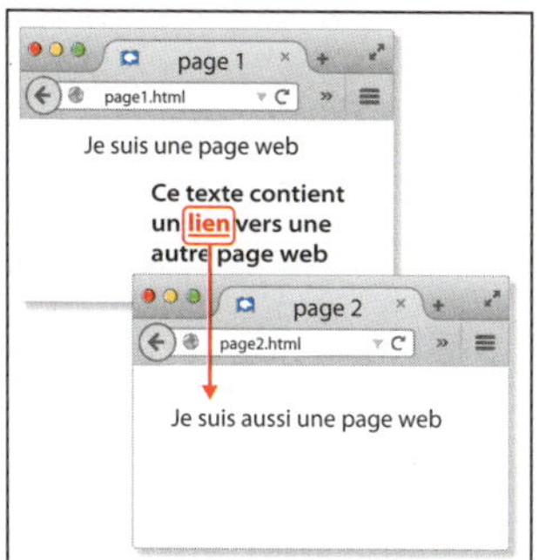

Lien hypertexte d'une page web 1 vers une page web 2.

2. Quels sont les éléments contenus dans une page web ?

....

....

3. Grâce à un survol de souris, compter le nombre de liens hypertextes de la page d'accueil de Snapchat : https://www.snapchat.com.

....

4. En survolant un lien hypertexte, qu'affiche le navigateur en bas de la page web ?

....

5. Que se passe-t-il quand l'utilisateur clique sur un lien hypertexte ?

....

....

L'adresse web (aussi appelée URL) est l'invention la plus fondamentale du Web. Elle commence souvent par « www. » mais la syntaxe correcte devrait toujours commencer par le nom du protocole de communication utilisé pour nommer les adresses : « http » ou « https ». L'adresse web doit être saisie dans la barre d'adresse d'un navigateur web.

6. Saisir l'adresse https://www.instagram.com dans la barre d'adresse d'un navigateur web et appuyer sur la touche Entrée. Qu'obtenez-vous à l'écran ?

....

7. Rechercher la signification du cadenas 🔒 situé devant l'adresse https://www.instagram.com , ainsi que la différence entre les protocoles HTTP et HTTPS.

....

....

8. Rechercher le rôle joué par chaque partie de l'adresse web de la question 7 ci-dessous :

https://	www	.	instagram	.	com

Activité 2 / Laissez-vous des traces sur le Web ?

30 min

Arthur surfe sur le Web avec le navigateur Firefox. Lors de sa première visite sur le site web du journal *Le Monde*, un bandeau lui demande d'accepter des cookies.

> Le *Monde* utilise des cookies pour vous offrir une expérience utilisateur de qualité, mesurer l'audience, optimiser les fonctionnalités des réseaux sociaux et vous proposer des publicités personnalisées. En poursuivant votre navigation sur ce site, vous acceptez l'utilisation de cookies dans les conditions prévues par notre politique de confidentialité. En savoir plus et gérer les cookies. ×
>
> Paramétrer les cookies Accepter

1. Rechercher sur le Web ce qu'est un « cookie HTTP ». Où est-il enregistré ?

2. Arthur est-il obligé d'accepter les cookies de ce site ?

Curieux, Arthur mène l'enquête. Il clique sur « Paramétrer les cookies » de la fenêtre précédente. Une nouvelle page web lui propose de paramétrer lui-même les différents cookies.

3. Dresser la liste des différentes catégories de cookies utilisés.

Arthur ouvre alors le module de paramétrage des cookies de son navigateur web et obtient la fenêtre ci-contre :

> **Cookies et données de sites**
>
> Le stockage des cookies, du cache et des données de sites utilise actuellement 1,1 Go d'espace disque. En savoir plus
>
> [Effacer les données...] [Gérer les données...]
>
> ☐ Supprimer les cookies et les données des sites à la fermeture de Firefox [Gérer les permissions...]

4. Quelles sont les options à la disposition d'Arthur pour contrôler les informations stockées par les sites web sur son ordinateur (cookies, cache et données des sites) ?

5. Arthur accepte tous les cookies suggérés. En utilisant le module de paramétrage du navigateur web (ci-contre), indiquer combien de cookies ont été enregistrés par le site web du journal *Le Monde* lors de la visite d'Arthur.

10

Site	Cookies
www.lemonde.fr	10
buf.lemonde.fr	3
lemonde.fr	14

6. Arthur retourne le lendemain sur le site lemonde.fr.
Expliquer pourquoi la page s'affiche normalement sans lui demander d'accepter des cookies.

Activité 3 / Comment peut-on classer les pages web issues d'une recherche ?

30 min

Les moteurs de recherche permettent de trouver des informations dans des pages dont on ne connaît pas l'adresse, voire dont on ignore l'existence. On souhaite effectuer une recherche avec les deux mots clés suivants « **Apollo 11** » sur trois moteurs de recherche différents : Google, Qwant et Yahoo!.

1. Effectuer la recherche « Apollo 11 » sur les trois moteurs proposés et compléter le tableau suivant avec vos résultats de recherche :

Moteur de recherche	Présence d'une annonce de publicité en tête des résultats	Position du premier lien vers Wikipédia	Position du premier lien vers un média culturel	Position du premier lien vers le film Apollo 11
Google				
Qwant				
Yahoo!				

2. Expliquer pourquoi le classement des résultats est différent selon les moteurs de recherche.

3. Quel moteur de recherche conseilleriez-vous ? Justifier votre réponse.

Découvrir le système de *ranking*

Le système de « *ranking* » fait la force des moteurs de recherche. Notons que les algorithmes exacts ne sont jamais connus car ils sont considérés comme un secret industriel. Il existe au moins 3 méthodes principales pour classer les pages :

– Le **tri par pertinence**, qui évalue entre autres le nombre de fois qu'un mot ou un document apparaît dans une page web, ou encore la correspondance entre l'expression cherchée et le contenu du document.

– Le **tri par popularité**, comme le *PageRank* de Google, qui note la popularité d'une page web. Plus une page possède de *backlinks* (c'est-à-dire de liens qui pointent vers elle), plus la page est populaire.

– Le **tri par rapport à l'audience**, qui évalue le temps resté par l'internaute sur une page web, synonyme de son intérêt.

Des études ont montré que 90 % des internautes ne consultent que le premier résultat d'une recherche.

4. Pourquoi est-il important pour une page web d'être en tête d'un classement de recherche ?

5. La méthode du « *spamming* » consiste à écrire du texte en blanc sur fond blanc dans une page web. Expliquer pourquoi le *tri par pertinence (voir le document ci-contre)* est considéré comme peu fiable par les moteurs de recherche actuels.

L'essentiel du cours

Les étapes de développement du Web

30 ans de développement ont été nécessaires au Web pour devenir un vaste réseau de pages web reliées entre elles par des liens hypertextes et consultables avec un navigateur web (voir la frise chronologique de la page 20).

Grâce au *responsive design*, une page web est accessible sur des écrans de tailles très différentes.

Décomposer une URL

Une **URL** est l'adresse d'une ressource sur le Web, comme une page web, une image ou encore un fichier. L'URL commence par **http** ou **https** (si la page est sécurisée) et se décompose en un domaine principal et plusieurs sous-domaines.

Sous-domaine — Nom de domaine

https://www.editions-bordas.fr

Protocole de communication — Domaine principal

Décomposition d'une URL.

Page web et lien hypertexte

Une page web contient un grand nombre de **liens hypertextes** (ou hyperliens) qui permettent le passage vers une autre partie de la même page ou vers une autre page web.

Une main apparaît souvent au survol d'un lien hypertexte.

Sécuriser sa navigation en ligne

Le navigateur web doit être paramétré afin de sécuriser la navigation. Les paramètres importants sont la gestion des **cookies**, la sécurité du navigateur et la confidentialité des données échangées.

Voici quelques réflexes à adopter :
- vider régulièrement le cache et l'historique de navigation ;
- paramétrer la sécurité du navigateur afin de limiter l'exécution de scripts non souhaités ;
- paramétrer la confidentialité de son profil sur les réseaux sociaux ;
- sécuriser sa boîte mail, en chiffrant les *e-mails*, en utilisant une application dédiée ;
- choisir des mots de passe « forts » et différents selon les applications utilisées.

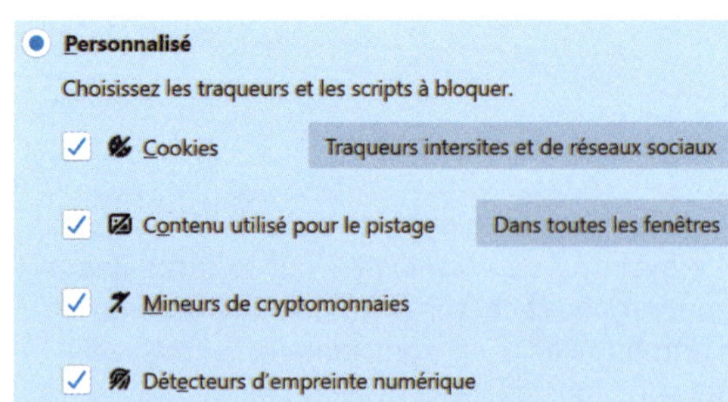

Un exemple des paramétrages possibles sur le navigateur Firefox.

Moteur de recherche

Les **moteurs de recherche** permettent de trouver des sites pertinents grâce à un ou plusieurs mots clés bien choisis. Certains résultats de recherche dits « sponsorisés » peuvent être placés au-dessus des résultats de recherche.

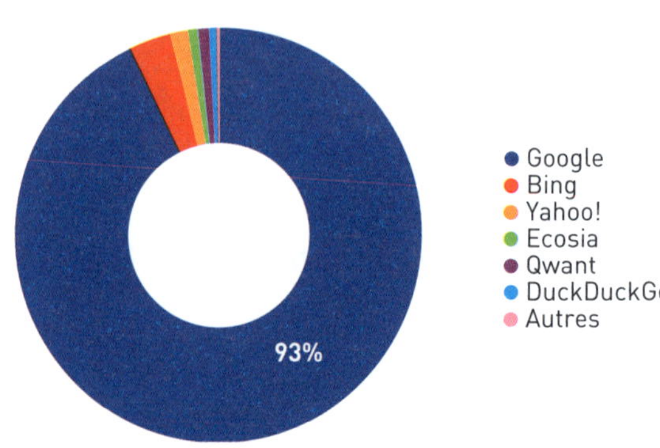

Les moteurs de recherche utilisés en France en 2019.

Droit d'auteur

Le contenu du Web, s'il est original, est soumis aux règles de protection du droit d'auteur. La reproduction de la création d'un auteur sans autorisation, même partielle, est un délit de contrefaçon.

Les définitions à connaître

• Le **World Wide Web** (communément appelé le **Web**) est un système utilisant le protocole HTTP permettant de visiter des pages sur le réseau Internet.
• Le **protocole HTTP** (*HyperText Transfer Protocol*) est un protocole de communication qui permet à un navigateur d'échanger avec la machine sur laquelle le site web est stocké.
• Un **lien hypertexte** est un élément d'une page web qui, lorsque l'internaute clique dessus, dirige celui-ci vers une autre page web ou une autre partie de la page.
• Une **URL** (*Uniform Resource Locator*), aussi appelée adresse web, est une chaîne de caractères qui permet d'identifier une ressource du Web. L'URL doit débuter par le protocole utilisé (HTTP ou HTTPS).
• Un **cookie** est une suite d'informations, souvent de petite taille et identifiée par un nom, qui peut être transmis à votre navigateur par un site web sur lequel vous vous connectez.
• Un **moteur de recherche** est une application qui permet de rechercher des informations sur le Web.
• Le **droit d'auteur** est l'ensemble des droits dont dispose un auteur ou ses ayants droit sur des œuvres originales de l'esprit.

Carte mentale

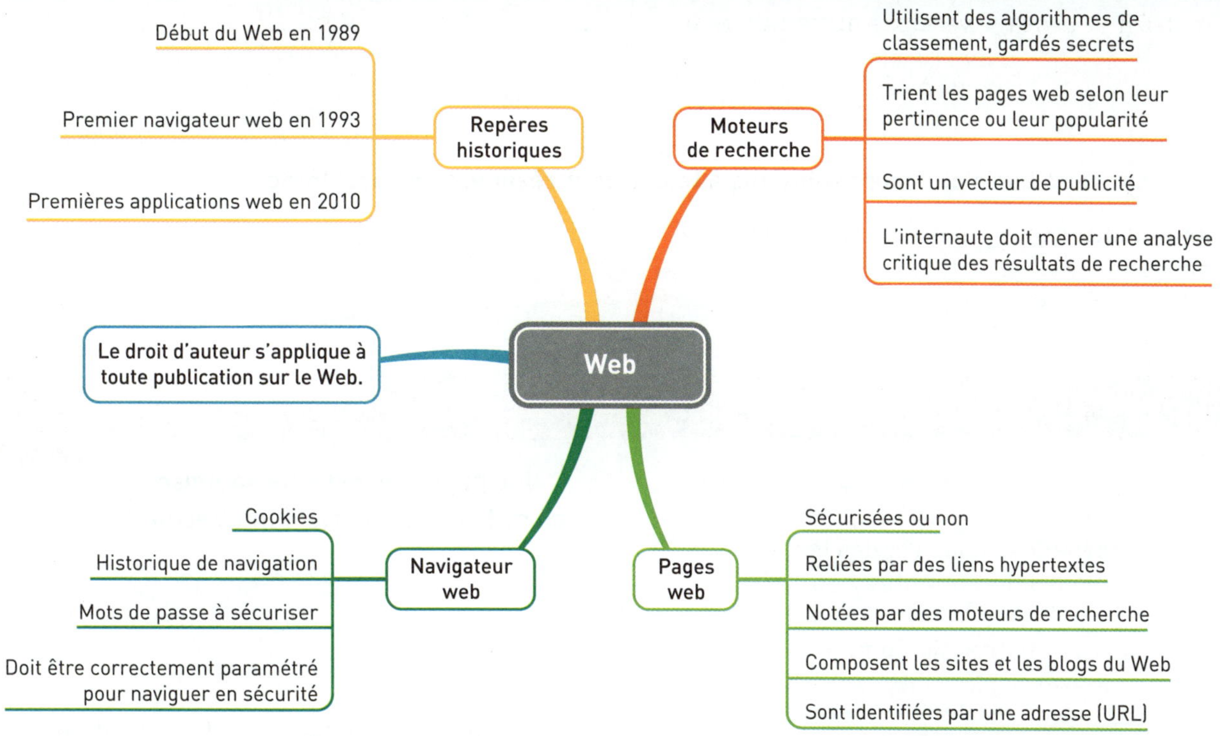

Ce qu'il faut retenir

Je dois être capable de :

- ☐ décrire les étapes principales du développement du Web
- ☐ reconnaître les liens hypertexte d'une page web
- ☐ décomposer l'URL d'une page web
- ☐ reconnaître une page web sécurisée
- ☐ mener une analyse critique des résultats d'une recherche fournis par un moteur de recherche
- ☐ sécuriser la navigation en ligne en paramétrant le navigateur

EXERCICE 1 / Acheter un billet d'avion sur le Web !

15 min

Lucie a effectué des recherches sur le Web dans le but d'acheter un billet d'avion.
Le lendemain, alors qu'elle surfe sur le Web, des publicités pour des billets d'avion apparaissent sur les pages web qu'elle consulte.

1. S'agit-il d'une publicité ciblée ? Proposer une explication à la présence de ces publicités.

Lucie met plusieurs jours à se décider et observe que les prix des billets augmentent à chacune de ses visites.

2. Selon vous, est-ce le fruit du hasard ou l'évolution à la hausse des prix du marché ? Proposer une explication.

3. Proposer à Lucie plusieurs solutions à tester pour résoudre son problème.

EXERCICE 2 / Droits d'auteur

20 min

Quentin doit faire un exposé sur le *big data*. Il a fait un grand nombre de copier-coller et il a inséré des images et des textes provenant de différents sites web.

Extrait du Code de la propriété intellectuelle

D'après la **loi française**, les créateurs (livres, films, musique, œuvre artistique) intellectuels sont les propriétaires de leurs créations. Il est donc interdit de les utiliser (tout ou partie) sans avoir d'autorisation ou avoir acquitté un droit payant et ceci même si ces œuvres se trouvent sur le Web.
Le droit d'auteur protège « toutes les œuvres de l'esprit ». Leur créateur en est le propriétaire exclusif.
La notion d'« œuvre de l'esprit » concerne toutes les productions qui ont nécessité un travail intellectuel.
Toute reproduction, représentation ou diffusion, par quelque moyen que ce soit, d'une œuvre de l'esprit est un **délit de contrefaçon**. (article L. 335-3)

1. Une page web est-elle soumise au code de la propriété intellectuelle ?

2. Quentin a-t-il respecté le droit d'auteur ?

3. Quelles solutions s'offrent à lui pour réaliser son exposé ?

EXERCICE 3 / Testez-vous ! Sécuriser sa navigation sur le Web

30 min

Depuis les révélations d'Edward Snowden (2013) ou encore le scandale *Cambridge Analytica* (2016), les internautes sont désormais plus sensibles aux questions de sécurité et d'anonymat lors d'une navigation sur le Web. Menons l'enquête pour savoir si votre navigateur web est bien paramétré !

Afin d'évaluer votre niveau de sécurité sur le Web, faites le test suivant en entourant la réponse directement sur le cahier :

1. Mettez-vous à jour votre navigateur web ?
🔔 Régulièrement 💎 De temps en temps 📞 Jamais

2. Utilisez-vous un moteur de recherche sans cookies, comme Qwant ou DuckDuckGo ?
🔔 Oui 📞 Non 💎 Parfois

3. Supprimez-vous régulièrement les cookies et l'historique de vos visites sur le Web ?
🔔 Oui, chaque jour 📞 Non, jamais 💎 Parfois

4. La connexion Wi-Fi à votre *box* est-elle sécurisée par un mot de passe « fort » (c'est-à-dire composé de majuscules, de minuscules, de chiffres, de caractères spéciaux et en nombre supérieur à 15) ?
💎 Non 🔔 Oui 📞 L'accès à ma *box* n'a pas de mot de passe

5. Les mots de passe que vous utilisez sont-ils :
🔔 Forts ? 💎 Un mot du dictionnaire ? 📞 Ma date de naissance ?

6. Vos mots de passe sont-ils différents pour chaque application ?
📞 Non, surtout pas ! 🔔 Oui, bien sûr !
💎 Oui, je les enregistre tous dans un fichier nommé « motdepasse » sur mon ordinateur !

7. Limitez-vous la diffusion de vos informations personnelles sur le Web (réseaux sociaux, etc.) ?
📞 Pas du tout 🔔 Systématiquement 💎 Cela dépend du contenu à diffuser

8. Utilisez-vous systématiquement le bouton « Déconnexion » en quittant une application web ?
📞 Jamais 💎 Parfois 🔔 À chaque fois

9. Vous vous connectez à un réseau Wi-Fi public en HTTP avec un smartphone (aéroport, lycée, etc.) :
📞 Vous en profitez pour vous connecter à votre messagerie ou à votre banque
🔔 Vous ne composez aucun de vos mots de passe 💎 Vous ne changez rien à vos habitudes

Résultats : Comptabilisez le nombre de symboles de chaque type.

Vous avez un maximum de 🔔 : Pour vous, sécurité sur le Web rime avec tranquillité !
Vous connaissez les risques du Web et vous êtes un utilisateur averti. Continuez comme cela !

Vous avez un maximum de 💎 : Pour vous, sécurité sur le Web rime avec légèreté !
Vous connaissez les astuces du Web mais vous devez encore progresser en sécurité !

Vous avez un maximum de 📞 : Pour vous, sécurité sur le Web rime avec danger !
Vous êtes exposé à tout type de risques en naviguant sur le Web, et vous devriez changer vos habitudes sans attendre !

Travailler en autonomie

Je révise pour l'évaluation

Aller sur lycee.editions-bordas.fr/cahier-SNT pour accéder à des QCM d'auto-évaluation.

SÉQUENCE 4

Dans la peau d'un développeur web

Le savais-tu ?

Anecdote 1

Lors de l'utilisation d'un moteur de recherche, 56 % des clics sont récoltés par le premier résultat affiché, 15 % par le deuxième et 9 % par le troisième, soit 80 % des clics pour les 3 premiers liens !

Anecdote 2

L'exécution de code côté serveur peut être à l'origine d'un fort ralentissement de l'affichage des pages web sur un navigateur. On estime qu'après 3 secondes d'attente, 57 % des internautes quittent un site et que 80 % d'entre eux n'y reviendront jamais.

Repères historiques

1991
Début du langage HTML.

1995
Nouvelles technologies pour créer des sites web interactifs (JavaScript) et dynamiques.

JavaScript

1996
La première version du langage CSS permet de gérer le style d'une page web ou d'un site web complet.

1998
Google popularise l'algorithme du *PageRank* et devient le moteur de recherche n° 1.

Activité 1 / Modifier une page HTML

40 min

Le contenu d'une page web est écrit avec le langage HTML, structuré avec des balises. Une page est caractérisée par son extension .html ou .htm. Léa est une influenceuse du Web. Elle teste des robots programmables en Python et veut présenter un de ses robots grâce à une page web.

1. Aller sur le site lycee.editions-bordas.fr/cahier-SNT, puis cliquer sur « Séquence 4 » et ensuite « Interface web de l'activité 1 ».
La page qui s'ouvre présente par défaut deux blocs :
- le bloc `HTML` qui permet d'écrire le contenu de la page avec le langage HTML ;
- le bloc `Output` qui permet de visualiser les modifications de la page web en temps réel.

La page web est composée de différentes balises qui jouent un rôle précis.

2. Relier chaque balise à son rôle d'après son nom :

Balises <title> et </title> •	• Balises qui délimitent le corps de la page web
Balises <html> et </html> •	• Balises principales de la page web
Balises <head> et </head> •	• Balises qui délimitent le titre de la page web
Balises <body> et </body> •	• Balises qui délimitent l'entête de la page web
Balise <img /> •	• Balise qui permet d'insérer une image et ses caractéristiques
Balises <a> et </a> •	• Balises qui permettent d'insérer un lien hypertexte

3. À l'aide du document ci-contre, modifier le titre de la page en « Test de Robot ».

Balise ouvrante — Balise fermante

<title> **Test de Robot** </title>

Contenu sur lequel s'appliquent les balises

4. Pour écrire le contenu de la page, se placer entre les balises <body> et </body> :

a. Ajouter un petit texte de présentation du robot.

b. Insérer une image du Web de votre choix avec la balise auto-fermante <img /> en renseignant les 5 attributs de l'image « src, alt, title, width, height » :

```
<img src="adresse absolue de l'image sur le Web"
  alt="Image d'un robot tenant un joystick"
  title="robot-joystick"
  width="100%"
  height="100%"
/>
```

Comment trouver l'adresse d'une image sur le Web ?
Chercher une image sur le moteur de recherche de votre choix.
Une fois l'image choisie, effectuer un clic droit puis « copier l'adresse de l'image » pour copier son adresse absolue sur le Web.
Coller cette adresse « source » comme attribut src de l'image dans le code HTML.
Modifier ses attributs alt, title et ajuster sa taille.

- **L'attribut src est obligatoire et contient le chemin de l'image qu'on souhaite afficher.**
- **L'attribut alt est recommandé car il contient une description textuelle de l'image.**
- **L'attribut title est recommandé car il contient les mots-clés destinés aux algorithmes des moteurs de recherche.**
- **L'attribut width (optionnel) contient la largeur de l'image en pourcentage de la largeur de la page web ou en pixels.**
- **L'attribut height (optionnel) contient la hauteur de l'image en pourcentage de la hauteur de la page web ou en pixels.**

On se propose à présent d'insérer un lien hypertexte vers une autre page web.
Voici un exemple de lien :

```
<a href="https://fr.wikipedia.org/wiki/Robot" target="_blank"> lien </a>
```

5. Ajouter le lien hypertexte ci-dessus entre les balises <body> et </body>.

Activité 2 / Comment donner du style à une page web ?

50 min

Léa voudrait à présent « donner du style » à la page de présentation du robot grâce au langage CSS. Pour cela, elle doit :
- définir des styles de présentation appelés « classes » dans la page CSS ;
- modifier le code HTML de la page pour affecter un style particulier à une partie du texte.

1. Aller sur le site lycee.editions-bordas.fr/cahier-SNT, puis cliquer sur « Séquence 4 » et ensuite « Interface CSS de l'activité 2 ».

2. Quels sont les différents styles contenus dans la feuille de style CSS ?

Exemples de styles possibles à partir de la feuille de style proposée :
- Pour appliquer le style « texte » à un paragraphe, la syntaxe est la suivante :
  <p class="texte"> le paragraphe en question </p>
- Pour encadrer un mot du texte, à l'aide du style « cadre », on peut remplacer le mot par :
  <p class="cadre"> le mot </p>
- Pour centrer une image, la syntaxe est :
  <p class="image_centree"> <img src="adresse" /> </p>

3. Appliquer le style *texte* au texte « Ce robot est programmable en Python ». Qu'obtenez-vous à l'écran ?

4. Appliquer le style *cadre* au texte « Facile à programmer ! ». Qu'obtenez-vous à l'écran ?

5. Appliquer le style *image_centree* à l'image. Que remarquez-vous ?

6. Quels sont les effets de style choisis pour le lien hypertexte (en plus du soulignement) :

a. Lorsqu'il est survolé par la souris ?

b. Lorsqu'il n'a pas encore été cliqué et qu'il n'est pas survolé par la souris ?

c. Lorsqu'il a déjà été visité ?

d. Lorsqu'il est cliqué sans être relâché ?

7. Comment le navigateur peut-il déterminer si un lien hypertexte a déjà été visité ou non, et appliquer le style correspondant ?

8. Un moteur de recherche parcourt la page de Léa, une fois mise en forme. Pensez-vous que l'esthétique de la page contribue à sa popularité ?

Popularité d'une page web

Afin d'établir la popularité d'une page web, les moteurs de recherche qui parcourent une page vont analyser :
- les titres et les sous-titres de la page ;
- les mots clés qui la composent, souvent en caractère gras ;
- la balise <title> d'une page ou d'une image ;
- les liens hypertextes ;
- certaines balises <meta>.

Activité 3 / Analyser le contenu d'une requête HTTP

30 min

Pour afficher une page web, le navigateur (le client) envoie une requête HTTP au serveur web et récupère en retour un document au format HTML.
Un utilisateur souhaite afficher la page d'accueil du site web lemonde.fr.

1. Quelle action doit-il faire dans son navigateur web ?

Suivre les étapes suivantes dans le navigateur Firefox ou utiliser la capture d'écran pour répondre aux questions 2 à 6 :

- appuyer sur `F12`, puis cliquer sur `Réseau` ;
- appuyer sur `F5` pour actualiser la page web visitée ;
- cliquer sur la première requête (la 1re ligne) ;
- cliquer sur `Modifier et Renvoyer` à droite de l'écran, puis `Envoyer`.

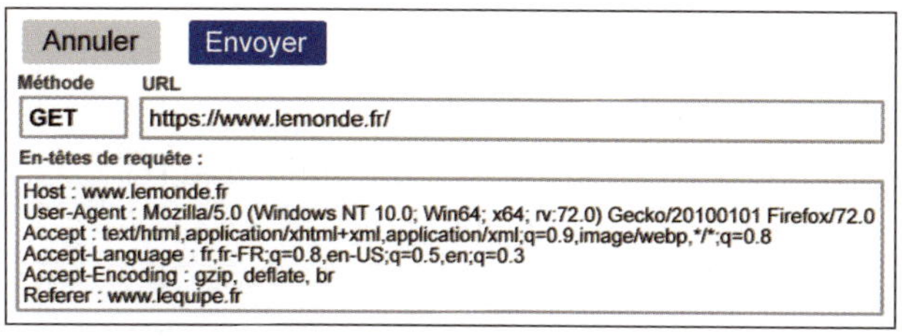

Il est alors possible de voir le contenu de la requête HTTP, ainsi que ses paramètres, envoyée par le client au serveur (voir capture ci-dessus).

2. Quelle est l'adresse (l'URL) demandée par le navigateur ?

3. Quel est le navigateur (*User-Agent*) utilisé comme client ?

4. Quel est le système d'exploitation de l'appareil utilisé ?

5. Quels sont les langages acceptés par le navigateur pour la page renvoyée par le serveur (*Accept-Language*) ?

6. Le paramètre *Referer* contient l'adresse de la page visitée précédente sur laquelle un lien a été suivi. À quoi pourrait servir ce paramètre ?

Le langage PHP est un langage utilisé par un serveur pour décrire comment le site web doit se comporter. Voici l'extrait de code d'une page web hébergée sur un serveur :

```php
<?php
$date = date("d-m-Y");
$heure = date("H:i");
Print("Nous sommes le $date et il est $heure");
?>
```

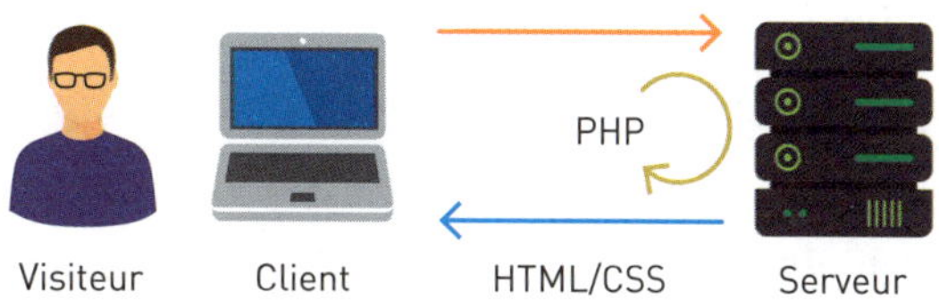

7. Cette portion de code contient un script PHP. Ce code est-il interprété côté serveur ou côté client ?

8. Que contiendra la réponse du serveur envoyée au client ?

L'essentiel du cours

HTML

Le langage HTML est un langage de description utilisant des balises. Le contenu de la page web (images, vidéos, liens...) est décrit en HTML.

Les balises HTML

Une balise HTML respecte une syntaxe simple et stricte :

- **Un chevron ouvrant : <**
- **Le nom de la balise**
- **Des attributs (optionnels)** : un espace, suivi du nom de l'attribut, d'un signe égal (=) et d'une valeur entre guillemets (" ")
- **Un chevron fermant : >**

À chaque balise ouvrante doit correspondre une balise fermante. Il existe également des balises autofermantes comme la balise `<img />`.

Balise ouvrante — Balise fermante

`<title>` **Cahier SNT** `</title>`

Contenu sur lequel s'appliquent les balises

Ce code en langage HTML permet d'insérer un titre dans une page web avec la balise `<title>`.

CSS

Le langage CSS permet de mettre en forme la page web, c'est-à-dire de gérer son apparence, indépendamment de son contenu. Le code CSS est le plus souvent extérieur à la page web, enregistré dans un fichier externe, souvent nommé *style.css*. La charte graphique d'un site web au complet peut être gérée par une unique feuille de style.

La même page web :

1. En haut : sans mise en forme par CSS
2. En bas : après application d'une feuille de style CSS

1

2

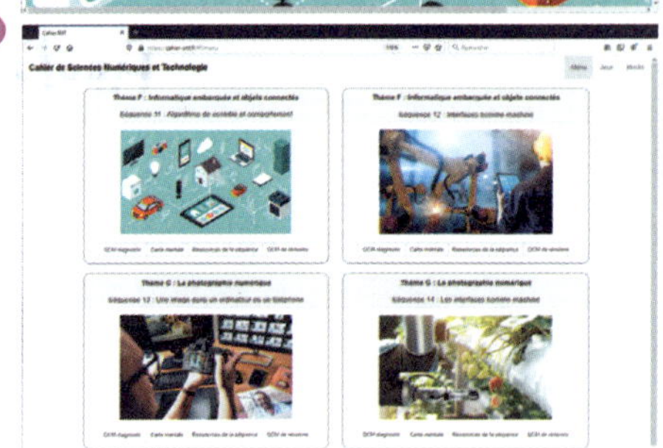

Modèle client-serveur

Le modèle client-serveur s'appuie sur un serveur, qui envoie des données au navigateur. Dans ce schéma, le navigateur joue le rôle de client qui communique avec le serveur web.

Requête HTTP

Pour afficher une page web, le navigateur (le client) envoie une requête HTTP au serveur web et récupère en retour un document au format HTML.

Le client et le serveur doivent avoir le même protocole de communication pour communiquer.

Le modèle client-serveur permet l'échange de données entre le serveur web et le navigateur (le client), grâce à une requête HTTP émise par le client et à la réponse donnée (la page web) par le serveur.

Langage « client » et langage « serveur »

Les langages « client » sont exécutés par le navigateur (HTML, CSS ou JavaScript).

Les langages « serveur » sont exécutés sur le serveur et permettent de composer les fichiers envoyés au navigateur (PHP, JavaScript...).

Les scripts en langage JavaScript sont utilisés dans les pages web et s'exécutent au chargement de la page dans le navigateur.

La requête `GET /index.html HTTP/1.1` est émise par le client (le navigateur) selon la version 1.1 du protocole HTTP. La réponse `HTTP/1.1 200 OK` est renvoyée par le serveur. Le code 200 indique que la requête est un succès.

App ♡

Les définitions à connaître

• Le **langage HTML** (*HyperText Markup Language*) est utilisé pour créer une page web, il est fondé sur l'utilisation de balises et de liens hypertextes.
• Une **balise HTML** (*tag* en anglais) est un élément du langage HTML permettant de structurer et de hiérarchiser le contenu d'une page web.
• Le **langage CSS** (*Cascading Style Sheets*) est un langage utilisé sur le Web pour mettre en forme les pages web. Le code des feuilles de style, aussi appelées fichiers CSS, permet de gérer le design d'une page web.
• **Modèle client-serveur :** dans le cas du Web, le client (le navigateur), envoie des requêtes au serveur web, qui répond en renvoyant la page web demandée.
• Une **URL** (*Uniform Resource Locator*), aussi appelée adresse web, est une chaîne de caractères qui permet d'identifier une ressource du Web. L'URL doit débuter par le protocole utilisé (HTTP ou HTTPS).
• Une **requête HTTP** est une demande effectuée par le navigateur web (Internet Explorer, Firefox, Chrome, Safari...) au serveur lorsqu'il souhaite afficher le contenu d'une page web.

Carte mentale

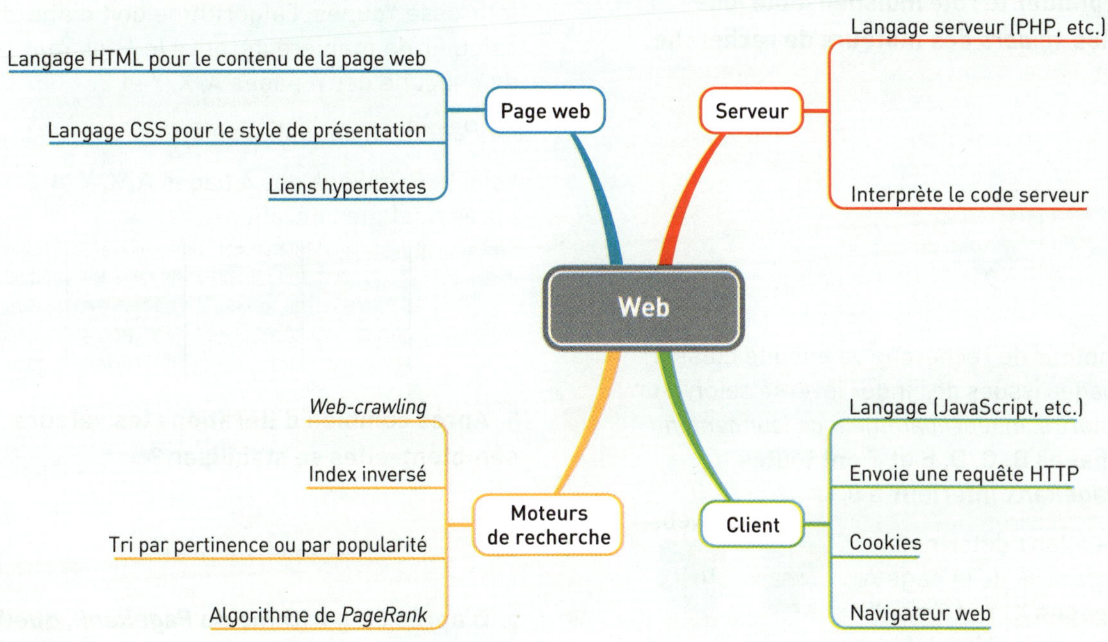

Ce qu'il faut retenir

Je dois être capable de :

☐ distinguer ce qui relève du contenu d'une page et de son style de présentation
☐ étudier et de modifier une page HTML simple
☐ insérer un lien hypertexte dans une page web
☐ décomposer une requête HTTP et d'identifier les paramètres passés
☐ inspecter le code d'une page hébergée par un serveur
☐ distinguer ce qui est exécuté par le client et par le serveur

EXERCICE 1 / L'algorithme du *PageRank*

40 min

80 % des clics sont concentrés sur les 3 premiers résultats d'une requête sur un moteur de recherche. L'algorithme du *PageRank*, popularisé par Google en 1998, permet de mesurer quantitativement la popularité d'une page web. Nous allons ici présenter une version simplifiée de cet algorithme. Un *PageRank* élevé est synonyme de popularité.

Construction d'un index inversé par un moteur de recherche

Avant de pouvoir renvoyer la page web correspondant à une requête, les *spiders* (robots, *bots*, *web-crawlers*) des moteurs de recherche ont parcouru inlassablement le Web, page après page, 24 h/24, en suivant tous les liens hypertextes et ont enregistré leur contenu HTML.
Le *spider* envoie ensuite au moteur d'indexation les pages web trouvées. Le système d'indexation construit alors un « index inversé » de tous les mots clés rencontrés dans les pages, avec leur fréquence d'apparition.

Younès effectue une recherche par mots clés sur un moteur de recherche. Les pages A, B, C, D, E et F qui font référence à ce mot clé vont lui être présentées grâce à la construction d'un index inversé (voir ci-dessus), mais quelle sera la page en tête des résultats de recherche ?

1. Expliquer le rôle indispensable joué par les *spiders* des moteurs de recherche.

Le moteur de recherche va ensuite classer les pages issues de l'index inversé selon leur popularité, *indépendamment de leur contenu*. **Les pages B, C, D, E et F ont toutes un *PageRank* inférieur à 0,1.**

Nous allons déterminer le *PageRank* de la page A. **Les pages X, Y et Z sont des pages reliées à A sans aucun lien avec le mot clé cherché par Younès** (voir schéma ci-contre).

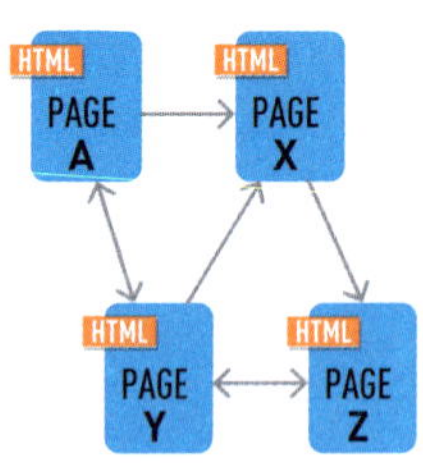

2. Que représentent les flèches orientées entre les pages A, X, Y et Z ?

La popularité de la page A est fonction de la popularité des autres pages X, Y et Z. Afin de déterminer le *PageRank* de la page A, on peut représenter ses liens avec d'autres pages dans un tableau (appelé matrice d'adjacence).

3. Compléter chaque case de la matrice ci-contre avec un 1 (si un lien hypertexte existe entre deux pages web) ou un zéro (s'il n'y a pas de lien hypertexte).

Lien de... vers...

	A	X	Y	Z
A	0			
X		0		
Y			0	
Z				0

Pour déterminer le *PageRank* de la page A qui intéresse Younès, l'algorithme doit d'abord calculer de manière itérative le *PageRank* de chacune des 4 pages A, X, Y et Z.

Le *PageRank* est initialisé à $\frac{1}{4}$.

Voici le *PageRank* des 4 pages A, X, Y et Z après quelques itérations :

Itération n° 0	Itération n° 1	Itération n° 10	Itération n° 20	Itération n° 35
[(0,25)	[(0,08333333)	[(0,12548225)	[(0,12500368)	[(0,125)
(0,25)	(0,20833333)	(0,1876929)	(0,18750089)	(0,1875)
(0,25)	(0,375)	(0,37413194)	(0,37499297)	(0,3750001)
(0,25)]	(0,33333333)]	(0,3126929)]	(0,31250246)]	(0,3125)]

4. Après combien d'itérations les valeurs semblent-elles se stabiliser ?

5. D'après l'algorithme du *PageRank*, quelle est celle des 4 pages A, X, Y ou Z qui a *le PageRank* le plus élevé ?

6. La page A sera-t-elle la mieux classée dans la recherche de Younès ? Justifier.

Exercice 2 / Le langage JavaScript

15 min

JavaScript est un langage de programmation qui permet d'ajouter de l'interactivité à une page web (menu, sons, effets spéciaux…). Par défaut, un navigateur comme Firefox autorise l'utilisation de JavaScript. Ces scripts sont le plus souvent inoffensifs mais un script malveillant pourrait servir à analyser votre comportement sur le Web ou utiliser vos ressources processeur pour « miner » du Bitcoin à votre insu (voir p. 19).

Voici ci-contre un exemple de script JavaScript à insérer dans une page web.

```
<script>
alert('Hello world !');
</script>
```

1. Quelles sont les balises qui délimitent la portion de code JavaScript ?

……………………………………………………………………………………………………

2. Ajouter ce code dans une des pages web des activités 1 ou 2. Quel est l'effet obtenu ?

……………………………………………………………………………………………………

3. Il est possible d'ajouter l'extension *NoScript* décrite ci-contre au navigateur Firefox. Quel est son rôle ?

……………………………………………………………………………………………………

……………………………………………………………………………………………………

……………………………………………………………………………………………………

Exercice 3 / Le *Responsive Web Design*

15 min

Jason et Myriam consultent la même page web depuis un ordinateur et un smartphone.

1. Ces appareils ont-ils la même définition ? Peut-on présenter la même quantité d'informations sur un écran de smartphone et sur un écran d'ordinateur ?

……………………………………………………………………………………………………

……………………………………………………………………………………………………

2. Afficher la page web cahier-SNT.fr sur un écran d'ordinateur. Réduire la taille de la fenêtre. Que remarquez-vous ?

……………………………………………………………………………………………………

……………………………………………………………………………………………………

3. Le code permettant cette autoadaptation est-il selon vous stocké côté serveur ou côté client ?

……………………………………………………………………………………………………

……………………………………………………………………………………………………

……………………………………………………………………………………………………

Travailler en autonomie

Je révise pour l'évaluation

Aller sur lycee.editions-bordas.fr/cahier-SNT pour accéder à des QCM d'auto-évaluation.

SÉQUENCE 5

À la découverte des réseaux sociaux

Le savais-tu ?

Anecdote 1

Si l'ensemble des utilisateurs de Twitter formaient un pays, ce serait le quatrième plus grand pays du monde.

Anecdote 2

En 1998, l'agence fédérale américaine qui régit le droit de la consommation aux États-Unis a promulgué le texte COPPA, qui protège les internautes de moins de 13 ans d'une utilisation abusive de leurs informations personnelles à des fins commerciales. Pour éviter toute complication juridique, les réseaux sociaux ont interdit l'inscription avant cet âge.

Repères historiques

1995
Naissance d'un des premiers réseaux sociaux, Classmates, qui met en relation d'anciens camarades de classe.

2006
Apparition de Twitter et ouverture de Facebook au grand public.

2009
Lancement de la messagerie instantanée WhatsApp.

Depuis 2010
Multiplication du partage de photos et des vidéos via l'entrée de nouveaux acteurs comme Instagram ou Snapchat.

Activité 1 / Quelles sont les caractéristiques des principaux réseaux sociaux ?

45 min

En 2019, plus de 38 millions de Français étaient actifs sur les réseaux sociaux. Un utilisateur y passe en moyenne 1 h 20 chaque jour ! Voici sept réseaux sociaux parmi les plus utilisés en France.

1. Compléter le tableau suivant en vérifiant les informations sur le Web.

Nom du réseau social	Contenu(s) échangé(s) sur le réseau entre ses utilisateurs	Peut-on « noter », « liker » ou « aimer » les commentaires ?	Membres du réseau : contacts, amis, followers ?
(logo Facebook) ……	Messages, photos, vidéos.	……	……
(logo Instagram) ……	……	……	……
LinkedIn	……	Oui : bouton « j'aime » en bas des publications.	……
(logo Snapchat) ……	……	……	……
(logo Twitter) ……	……	……	Followers, amis
(logo WhatsApp) ……	……	……	……
YouTube	……	……	……

2. Entourer, dans le tableau, le nom des réseaux sociaux que vous utilisez.

3. Rechercher sur le Web trois sources de revenus des entreprises privées de réseaux sociaux.

……

……

4. a. Choisir une des sept entreprises citées plus haut, puis rechercher sur le Web son chiffre d'affaires annuel et son nombre d'utilisateurs « actifs ».

……

b. Calculer le revenu moyen annuel par utilisateur en calculant le quotient $\frac{\text{chiffre d'affaires}}{\text{nombre d'inscrits actifs}}$. Commenter ce chiffre : vous semble-t-il élevé ?

……

c. Comment expliquer la rentabilité de ces entreprises ? ……

……

5. Commenter le slogan : « Quand c'est gratuit, c'est vous le produit ! ».

……

……

Activité 2 / Confidentialité et fuites de données personnelles

45 min

Volontairement ou non, tout internaute divulgue de nombreuses informations personnelles.
Il s'agit donc d'adopter de bons réflexes et de paramétrer convenablement ses abonnements.

Le scandale « Cambridge Analytica »

L'agence de protection des consommateurs américaine a infligé en juillet 2019 une amende record de cinq milliards de dollars à Facebook pour avoir « *trompé* » ses utilisateurs sur le contrôle de leur vie privée, notamment lors d'une fuite massive de données personnelles vers la firme britannique Cambridge Analytica. Cette fuite s'est produite entre 2014 et 2018, et près de 87 millions d'utilisateurs ont été concernés.
Les données aspirées par Cambridge Analytica ont notamment été exploitées pendant la campagne présidentielle de Donald Trump, en 2016. Elles ont également servi à orchestrer la communication d'un mouvement favorable au « *leave* » avant le référendum sur l'appartenance du Royaume-Uni à l'Union européenne, en juin 2016.

1. Tout individu abonné à un réseau social et actif sur ce dernier possède une identité numérique. À votre avis, quelles informations vous concernant sont accessibles par le biais des réseaux sociaux que vous utilisez ?

....

....

....

2. Est-il possible de disposer d'une fausse identité numérique ? Si oui, comment ? Expliquer pourquoi il faut être vigilant lorsqu'on entre en contact avec une personne sur un réseau social.

....

....

....

....

....

3. On donne ci-contre un extrait du menu « Confidentialité » sur Facebook. Expliquer pourquoi il est important de régler correctement les paramètres.

....

....

....

4. Expliquer en quoi la fuite de données personnelles via le réseau Facebook a pu permettre d'influencer des électeurs lors de l'élection présidentielle américaine de 2016, et lors du vote sur l'appartenance du Royaume-Uni à l'Union européenne (communément appelé « Brexit »).

....

....

....

....

Activité 3 / Le harcèlement à portée de clic ?

30 min

Les nouvelles technologies offrent un nouvel espace pour les comportements violents. Selon une étude récente, 40 % des jeunes déclarent avoir été victimes de cyberviolence au moins une fois dans l'année scolaire. Quels comportements adopter pour profiter en toute quiétude des services proposés par les réseaux sociaux ?

Le cyberharcèlement est puni par la loi

D'après l'article de loi n° 222-33-2-2 du code pénal : « Le fait de harceler une personne par des propos ou comportements répétés ayant pour objet ou pour effet une dégradation de ses conditions de vie se traduisant par une altération de sa santé physique ou mentale » est puni d'un à trois ans d'emprisonnement et de 15 000 € à 45 000 € d'amende. L'infraction est également constituée lorsque les faits « ont été commis par l'utilisation d'un service de communication au public en ligne ou par le biais d'un support numérique ou électronique. »

NON AU HARCÈLEMENT

ÉLÈVES, PARENTS, PROFESSIONNELS : APPELEZ LE 3020 Service & appel gratuits

DU LUNDI AU VENDREDI DE 9H À 20H
SAMEDI DE 9H À 18H

1. Rechercher sur le Web cinq exemples de cyberviolence en lien avec les réseaux sociaux.
Exemple : ***l'auteur de violence publie des commentaires insultants sur le profil de la victime*****.**

....

....

....

....

....

....

....

2. Commenter le slogan de la campagne « Une photo, c'est perso, la partager c'est harceler ». Si votre avis est mitigé, expliquer pourquoi.

....

....

....

....

3. Comment réagir si on est témoin d'un harcèlement ou si on le subit soi-même ?

....

....

....

....

L'essentiel du cours

Caractéristiques des réseaux sociaux

Contrairement à un **réseau informatique**, composé de machines connectées physiquement entre elles, un **réseau social** met en relation des personnes (grâce à des liens d'« amitié ») ou encore des entreprises (mise en relation avec le client) de façon virtuelle. Grâce à des applications dédiées, les usagers échangent toutes sortes de contenus numériques : messages, photos, vidéos, sons, etc.

L'identité numérique et sa protection

En ligne, tout comme en société, chaque individu est caractérisé par son **identité numérique**. Toutes les traces que nous laissons sur les réseaux sociaux ont une influence sur la perception qu'ont les autres de nous-même, et forgent notre **e-réputation**.
La connexion à un réseau social se fait via un processus d'**authentification** par un login et un mot de passe qui sont personnels. Un paramétrage adapté du compte permet de maîtriser la **confidentialité** des données.

Modèle économique des réseaux sociaux

Les entreprises de réseaux sociaux génèrent plus de la moitié de leurs revenus grâce à la publicité. La revente de données, l'intégration de jeux en ligne ou encore d'applications génèrent également des revenus. Des algorithmes proposent en outre des **publicités ciblées** selon les relations de l'abonné, ses goûts, ses opinions, son âge, etc.

Cyberviolence

Sur le Web, la violence prend des formes variées : divulgation de photos publiées sans autorisation ou encore modifiées intentionnellement ; diffusion d'images à caractère pornographique ; usurpation d'identité ; envoi d'insultes et de menaces ; publication de calomnies, etc.

Agir contre la cyberviolence

Les actes de harcèlement en ligne sont punis par des peines de prison et des amendes de plusieurs dizaines de milliers d'euros. Les sanctions sont aménagées pour les mineurs. Pour agir contre la cyberviolence et s'informer sur les dispositifs existants, il existe de nombreuses ressources en ligne sur le site nonauharcelement.education.gouv.fr, ainsi qu'un numéro de téléphone dédié : le **3020**.

Le terme « social » traduit l'existence de relations et de communication entre individus.

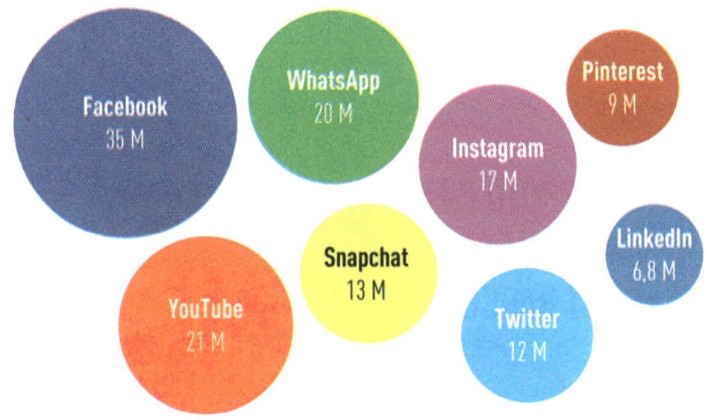

Le nombre d'abonnés des réseaux sociaux les plus utilisés en France, en 2019.

IDENTITÉ NUMÉRIQUE

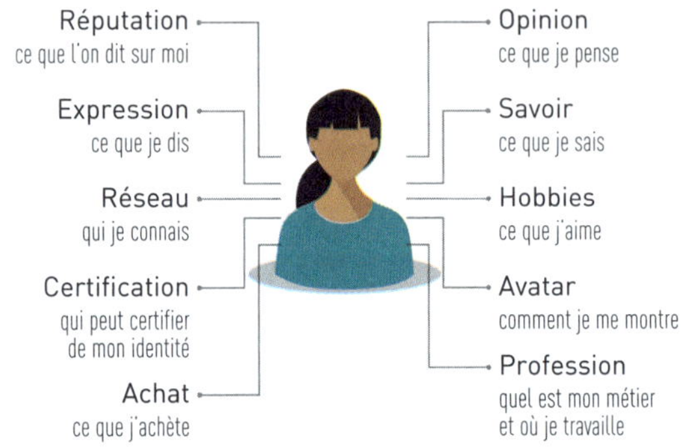

Une publicité est beaucoup plus efficace si elle atteint sa cible.

Mini-dico
Happy-slapping : acte de violence provoqué, filmé et diffusé sur un réseau social.
Sexting : acte d'envoyer un message ou une photo à caractère sexuel.
Slut shaming : culpabilisation d'une femme dont l'attitude ou l'aspect physique serait jugé provocant.

Des anglicismes pour parler de cyberviolence.

L'utilisation de pseudos et de fausses identités numériques accroît le sentiment d'impunité chez l'harceleur.

#NonAuHarcelement

Les définitions à connaître

- Un **réseau social** rassemble des personnes physiques ou morales, mises en relation par l'intermédiaire d'une application dédiée. La connexion à un réseau social s'effectue depuis toute machine connectée à Internet : ordinateur, smartphone, tablette, etc.
- Un **abonné actif** est un abonné se connectant régulièrement au réseau social.
- L'**identité numérique** est l'ensemble des traces numériques qu'une personne ou une collectivité laisse sur le Web, comme ses coordonnées et ses goûts.
- L'**e-réputation** (ou web-réputation) est la notoriété associée à une identité numérique. Elle peut renvoyer une image positive ou négative de cette identité.
- Le **processus d'authentification** permet l'accès individualisé à un réseau à l'aide d'un *login* et d'un mot de passe.
- La **cyberviolence** est un acte agressif et intentionnel, organisé à l'encontre d'une victime par un ou plusieurs individus, par l'intermédiaire d'un média numérique tel un réseau social.
- Le **harcèlement** se définit comme une violence répétée qui peut être verbale, physique ou psychologique. Cette violence s'exerce aussi bien au sein de l'école que sur les réseaux sociaux.

Carte mentale

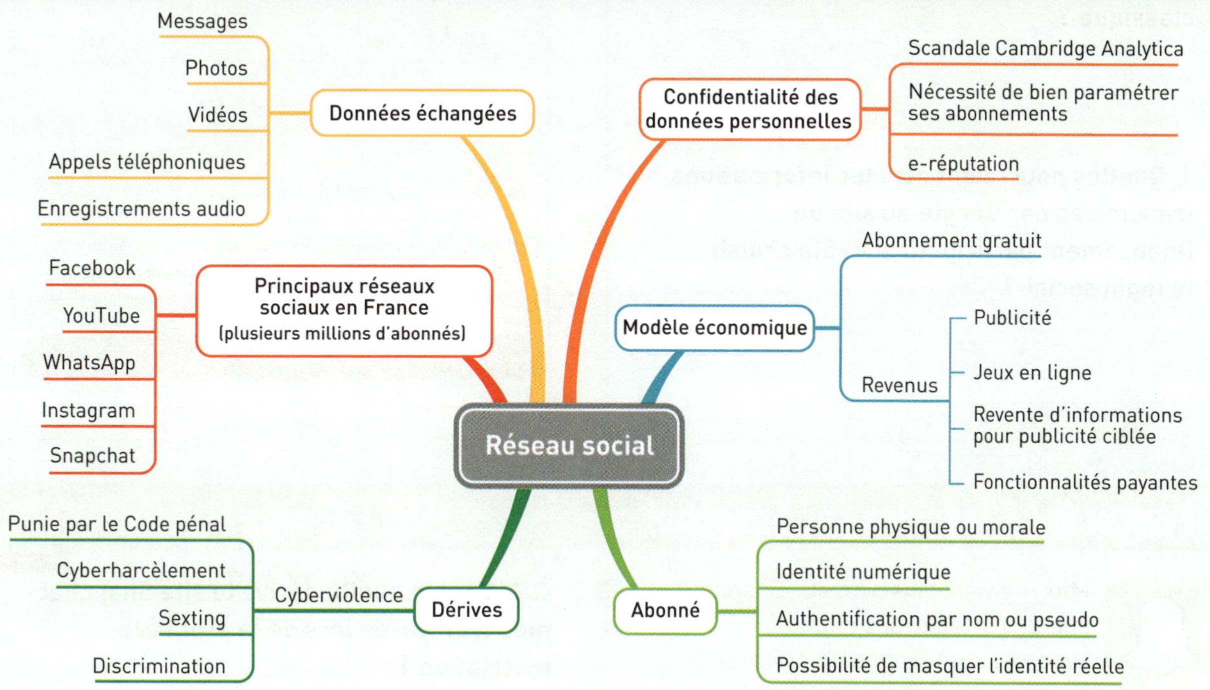

Ce qu'il faut retenir

Je dois être capable de :

- ☐ définir les termes suivants : réseau social, identité numérique, e-réputation, cyberviolence
- ☐ distinguer plusieurs réseaux sociaux selon leurs caractéristiques
- ☐ identifier les sources de revenu d'une entreprise du réseautage social
- ☐ expliquer la mention : « Quand c'est gratuit, c'est vous le produit »
- ☐ citer les différentes formes de cyberviolence et les ressources disponibles pour lutter contre celle-ci
- ☐ comprendre que le paramétrage d'un abonnement influe sur la confidentialité des données personnelles

Exercice 1 / Un exemple de « login social »

20 min

Paola, une jeune créatrice du web, veut s'inscrire sur un site de financement participatif pour percevoir des pourboires de la part de ses fans. Le site lui propose deux modes de connexion (ci-contre) : une authentification dite « classique », ou une authentification rapide par un processus dit de « login social ».

1. Présenter les deux solutions qui s'offrent à elle pour créer son compte.

....

....

....

2. Quelles informations doivent être fournies pour une authentification classique ?

....

....

3. Quelles pourraient être les informations transmises par Google au site de financement participatif si Paola choisit le login social ?

....

....

4. Quelle solution devrait préférer Paola si elle ne tient pas à divulguer ces informations ?

....

....

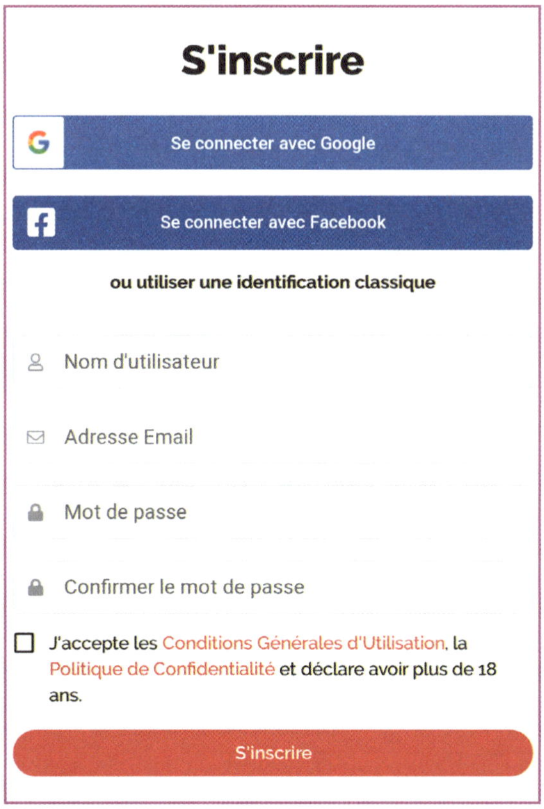

Exercice 2 / S'inscrire sur Snapchat

15 min

Maxime veut s'inscrire sur Snapchat afin de partager des clichés avec ses camarades de classe. L'avertissement ci-dessous s'affiche sur la page d'inscription au service.

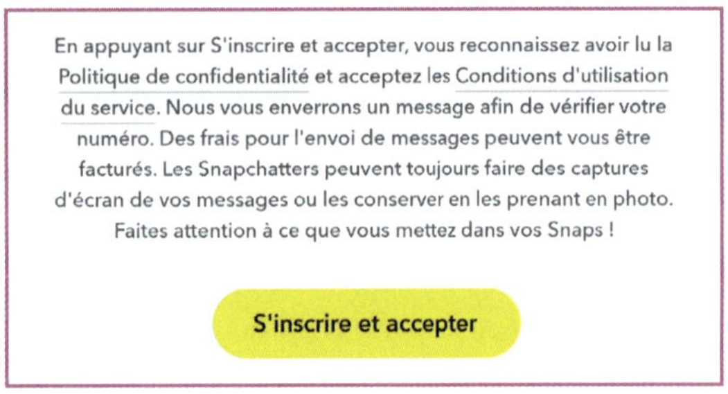

1. Indiquer la particularité du réseau social Snapchat, et justifier le choix de son logo.

....

....

....

2. a. Contre quelle dérive le site Snapchat met-il en garde lors de la première inscription ?

....

....

....

b. Quel genre de message ou de photo Maxime ne devrait-il pas poster sur le site Snapchat ? Expliquer les risques encourus.

....

....

....

....

....

EXERCICE 3 / Quelques extraits d'une politique de confidentialité

20 min

Amir installe une nouvelle application sur son téléphone portable. Pour valider l'inscription, il doit « reconnaître avoir lu » la politique de confidentialité. Curieux, il choisit de parcourir le document :

« Lorsque vous utilisez nos services [...] nous devons ainsi collecter des informations importantes vous concernant, par exemple : votre nom, nom d'utilisateur, mot de passe, adresse *e-mail*, numéro de téléphone et date de naissance. [...] Sur Internet, il convient de faire preuve de bon sens : n'envoyez pas de messages ou ne partagez pas de contenu que vous ne voudriez pas que quelqu'un d'autre puisse enregistrer ou partager [...].
Nous collectons des informations sur votre activité [...] la manière dont vous interagissez avec d'autres [utilisateurs], tels que leurs noms, l'heure et la date de vos échanges, le nombre de messages que vous échangez avec vos amis, les amis avec lesquels vous échangez le plus de messages [...].
Nous collectons des informations issues des capteurs de l'appareil, comme les accéléromètres, gyroscopes, boussoles, microphones et la présence ou non d'écouteurs connectés ; et des informations sur vos connexions réseau mobile et sans fil, comme votre numéro de téléphone mobile, votre prestataire de service, votre adresse IP et la puissance du signal. [...] nous pouvons – avec votre autorisation – collecter des informations depuis le répertoire de votre appareil [...].
Lorsque vous visitez notre site web nous collectons également des informations dans les fichiers journaux, entre autres : les pages que vous avez visitées avant ou après avoir accédé à notre site, [...].
Nous utilisons certaines des informations que nous recueillons à votre sujet pour essayer de choisir les bonnes publicités et vous les envoyer au bon moment. Par exemple, si vous avez cliqué sur une série de publicités pour des jeux vidéo, nous pourrons continuer à vous en présenter [...]. »

(Extrait au 30 oct. 2019)

1. Lire l'extrait et souligner les informations dont dispose l'application concernant le matériel utilisé par Amir.

2. a. Entourer les informations collectées par le site au moment de l'inscription.

b. Cette liste est-elle exhaustive ? Justifier.

....

....

3. Que pensez-vous de la possibilité, pour l'application, de collecter des informations sur les amis d'Amir ?

....

....

....

....

....

....

4. Comment l'application pourra-t-elle proposer à Amir des publicités ciblées ?

....

....

....

....

....

....

5. La politique de confidentialité dont vous avez lu un extrait compte plus de 10 900 mots, ce qui représente 40 pages d'un roman. Pourquoi ces documents sont-ils généralement si longs ?

....

....

....

....

....

....

Travailler en autonomie

Je révise pour l'évaluation

Aller sur lycee.editions-bordas.fr/cahier-SNT pour accéder à des QCM d'auto-évaluation.

SÉQUENCE 6

Modélisation des réseaux sociaux

Le savais-tu ?

Anecdote 1

La théorie des graphes a été initiée par le mathématicien suisse Leonhard Euler en 1736. Elle trouve aujourd'hui des applications dans de nombreux domaines : réseaux informatiques, télécommunications, génétique, enquêtes policières... ou encore réseaux sociaux.

Anecdote 2

Les « influenceurs », qui tiennent une place de choix au sein des réseaux sociaux, sont capables de relayer des messages à grande échelle. Entre 2014 et 2019, la rémunération de leurs messages sponsorisés a été multipliée par 12 sur le réseau Instagram.

Repères historiques

1735
Euler résout le problème des sept ponts de Königsberg et définit les bases de la théorie des graphes.

1822
Le mot « graphe » est introduit par le mathématicien et géomètre anglais James Joseph Sylvester.

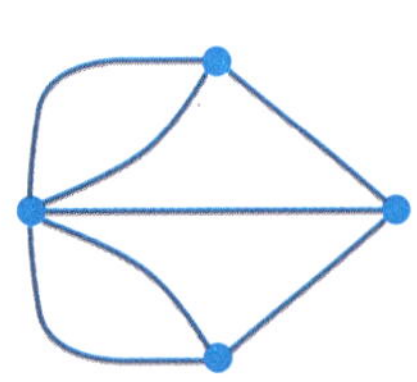

2018
Les réseaux sociaux rassemblent plus de 3 milliards d'utilisateurs actifs dans le monde.

Actuellement, les algorithmes exploités en théorie des graphes résolvent des problèmes complexes dans des domaines très divers.

Activité 1 / L'expérience de Milgram ou la notion de petit monde

45 min

Ne vous êtes-vous jamais exclamé « Le monde est petit ! » en découvrant que vous aviez un ami commun avec quelqu'un ? C'est ce qu'a étudié le psychologue américain Stanley Milgram à l'aide d'une expérience. En 1967, il remit 160 lettres à 160 volontaires choisis au hasard dans le Nebraska, aux États-Unis. Leur mission : s'assurer que la lettre parvienne à son destinataire, en la faisant passer de main en main par autant d'intermédiaires que nécessaire.

Milgram se demandait combien de personnes seraient nécessaires pour acheminer la lettre, sachant que le destinataire (toujours le même) se trouvait à plus de 2 000 km, dans le Massachusetts. Il obtint les résultats ci-contre.

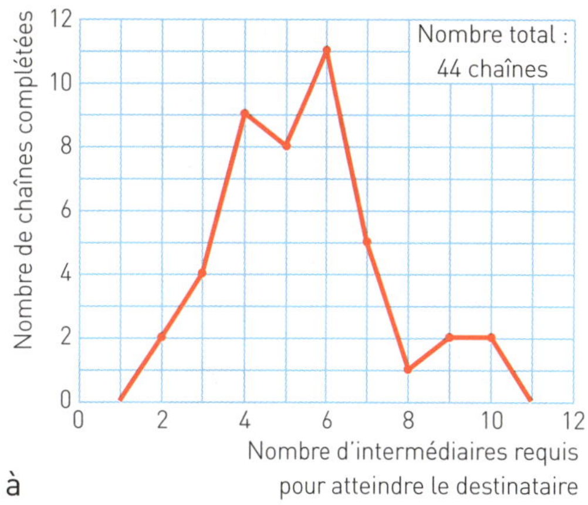

1. **Au cours de l'expérience de Milgram, combien de lettres parvinrent à leur destinataire ? Combien se perdirent en cours de route ?**

2. **Formuler deux hypothèses pour expliquer la perte de nombreuses lettres.**

3. **Quel est environ le nombre d'intermédiaires moyen qui ressort de cette expérience ?**

4. **Imaginer une chaîne continue de personnes, connues ou non, qui pourraient remettre un document confidentiel, de votre part et en main propre, au Président de la République.**

Qu'est-ce qu'un « petit monde » ?

Aujourd'hui, le constat de Milgram a été étendu au contexte plus large des relations sociales. On a coutume de dire que nous ne sommes qu'à quelques poignées de main de toute personnalité ! Cet effet est aussi appelé « petit monde ».
Ainsi, un « petit monde » est un réseau social dans lequel deux personnes quelconques sont reliés par un faible nombre d'intermédiaires.

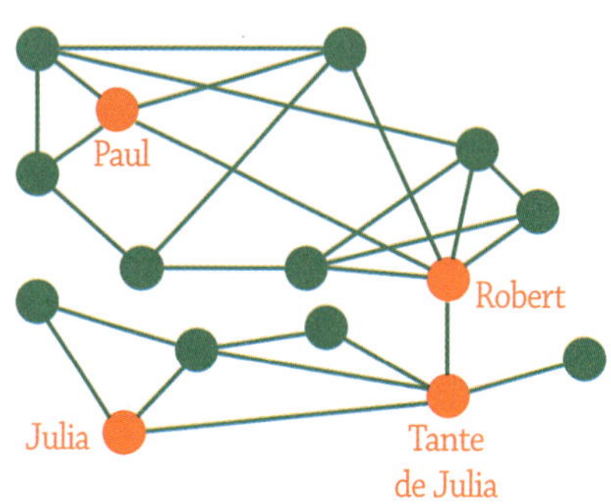

5. **La représentation ci-contre illustre l'effet « petit monde ». Les traits représentent les liens entre les personnes d'un même réseau social.**

   a. **Quel est le nombre minimum de liens séparant Paul de Julia ? Colorier ces liens sur le cahier.**

   b. **Julia rencontre Paul. Imaginer une conversation au cours de laquelle ils pourraient s'exclamer « Le monde est petit ! ».**

Activité 2 / Comment analyser un réseau social ?

30 min

On considère le réseau social ci-dessous.
Chaque trait représente un lien d'amitié entre deux personnes.

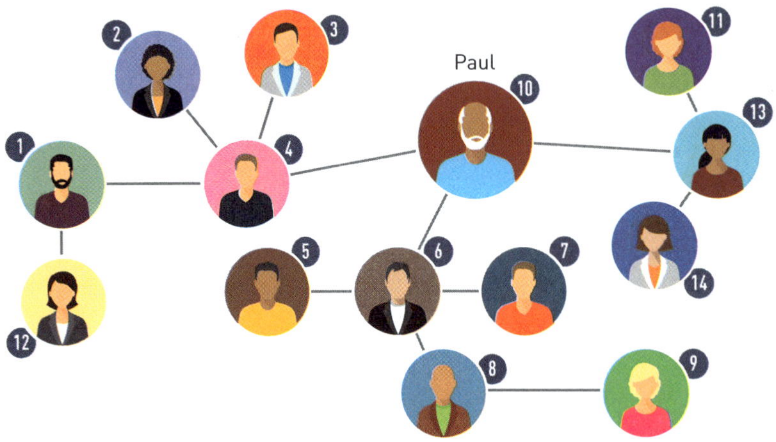

1	**Marco**
2	**Léa**
3	**Chung**
4	**Théo**
5	**Antonio**
6	**Léon**
7	**Dimitri**
8	**Robin**
9	**Fanny**
10	**Paul**
11	**Chloé**
12	**Leïla**
13	**Justine**
14	**Marie**

1. Combien le réseau compte-t-il de membres ?
Par combien de liens d'amitié sont-ils connectés ?

....

2. Quelle est la distance entre Paul et Dimitri, c'est-à-dire le nombre de liens qui les séparent ?

....

3. Quelle est la conséquence pour Dimitri si Paul cesse d'être ami avec Léon ?

....

4. Quelle(s) personne(s) a(ont) le plus d'amis ? ....

5. Entourer les deux personnes les plus éloignées du réseau, et colorier un chemin possible pour la diffusion d'un message de l'une à l'autre.

6. a. Quelle est la personne la plus proche de tous les autres, en termes de distance ?

....

b. Cette personne est souvent qualifiée « d'influenceur ». Expliquer.

....

....

....

c. L'influenceur de ce réseau social est-il celui qui a le plus d'amis ?

....

7. Ce réseau peut être modélisé par un graphe. Les personnes sont représentées par des points appelés *sommets* du graphe, et leurs liens par des traits appelés *arêtes*.
Parmi les trois propositions suivantes, entourer celles qui peuvent modéliser le réseau.

a
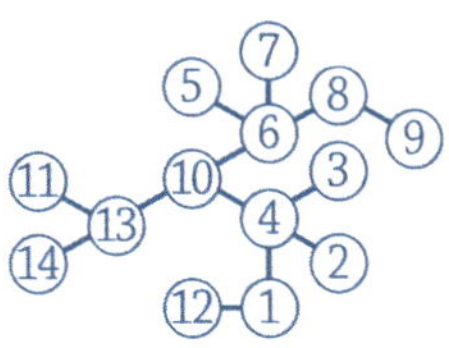

b
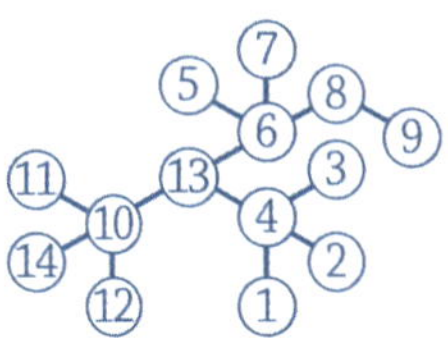

c
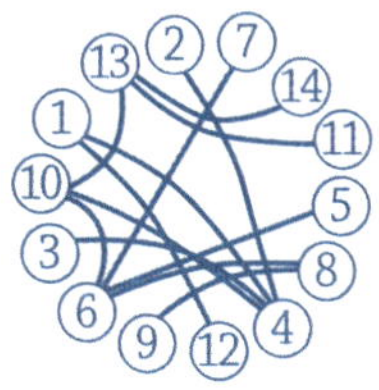

Justifier : ....

....

Activité 3 / Comment représenter mathématiquement un réseau social ? 40 min

Reprenons le réseau social de l'activité 2.

Pour mettre à jour les données d'un réseau social, les algorithmes doivent pouvoir le parcourir de manière efficace et rapide. Il est souvent commode de représenter le réseau par une **matrice d'adjacence** (voir ci-contre).

Pour un réseau composé de *n* personnes, il s'agit d'un tableau à double entrée, possédant *n* lignes et *n* colonnes.

La matrice ne peut contenir que des 0 ou des 1. Un « zéro » indique que les deux personnes ne sont pas amies et un « un » indique qu'elles sont amies.

La première ligne est déjà complétée à titre d'exemple.

	1	2	3	4	5	6	7	8	9	10	11	12	13	14
1	0	0	0	1	0	0	0	0	0	0	0	1	0	0
2		0												
3			0											
4				0										
5					0									
6						0								
7							0							
8								0						
9									0					
10										0				
11											0			
12												0		
13													0	
14														0

1. Compléter la matrice d'adjacence. Vous gagnerez beaucoup de temps à l'aide de quelques astuces.

2. Pourquoi la diagonale de la matrice est-elle composée uniquement de « 0 » dans ce type de réseau ?

....

3. Un développeur cherche un algorithme capable de compter le nombre total de liens du réseau. Proposer un algorithme en langage naturel qui compte le nombre de « 1 » de la matrice d'adjacence.

....

....

....

....

....

....

....

4. Comment modifier l'algorithme précédent pour renvoyer le nombre de liens du réseau ? On précise qu'aucun membre n'est isolé du reste du réseau.

....

....

....

5. Que renvoie la fonction Python `mystere()` ci-dessous ?

```python
def mystere(matrice):
  compteur = 0
  nombre_lignes = len(matrice)
  nombre_colonnes = len(matrice[0])
  for i in range(nombre_lignes):
    for j in range(nombre_colonnes):
      if matrice[i][j] == 1:
        compteur = compteur + 1
  return compteur
```

....

....

....

....

6. Comment doit-on modifier cette fonction afin qu'elle renvoie le nombre de liens du réseau ?

....

....

....

PROLONGEMENT : aller sur le site lycee.editions-bordas.fr/cahier-SNT, séquence 6, et télécharger le fichier `mystere.py` qui contient la matrice d'adjacence et la fonction Python `mystere()`. Appliquer les modifications de la question 6 et tester votre programme.

L'essentiel du cours

Modélisation d'un réseau

Un réseau social est composé d'individus reliés par des liens (voir séquence 5).
Pour le modéliser, nous allons utiliser une représentation inspirée de la théorie des graphes. Cette représentation facilite l'étude des réseaux et permet à des algorithmes performants de parcourir le réseau à la recherche d'informations.

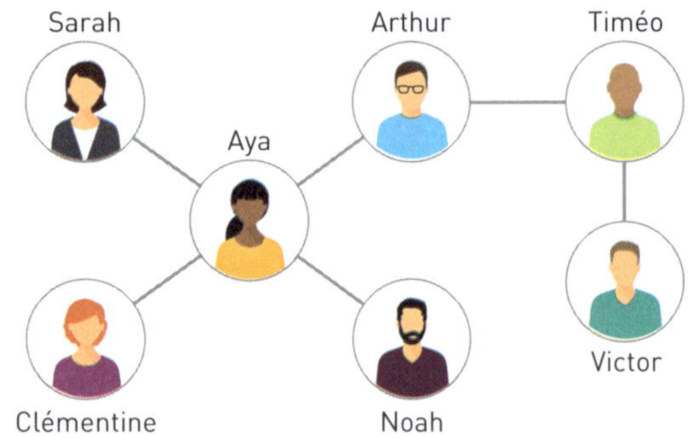

Ce graphe comporte 7 sommets, reliés par 6 arêtes.

Sommet, arête et graphe

Dans un réseau social, une personne est représentée par un cercle ou un point numéroté appelé **sommet**.
Le lien d'amitié entre deux individus est représenté par un trait appelé **arête**.
Un **graphe** est un ensemble de sommets et d'arêtes.

Sarah et Victor ne sont donc pas amis dans un réseau social du type Facebook. Une flèche entre deux sommets permet d'orienter le lien d'amitié, comme c'est le cas avec les followers de Twitter.

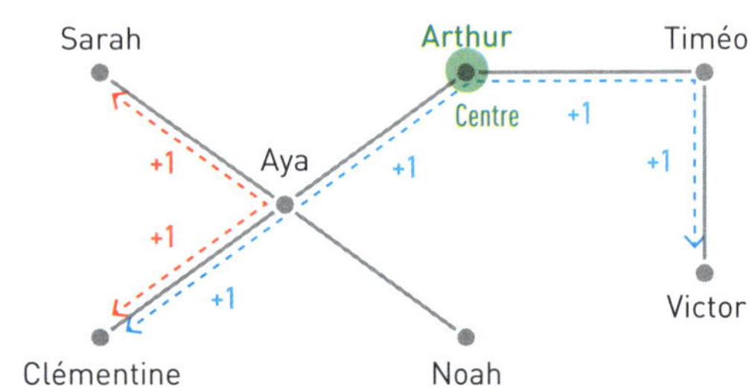

Distance entre deux sommets d'un graphe

La **distance** entre deux sommets est égale à la longueur du plus court « chemin » entre ces deux sommets. Ce nombre n'a pas d'unité.

La **distance** entre Sarah et Clémentine est de 2.

Caractéristiques d'un graphe

– Le **rayon** du graphe est la plus petite distance à laquelle un des sommets se trouve de tous les autres.

Le **rayon** du graphe est égal à 2 : Arthur est à la distance 2 de chaque autre sommet. Il est ici l'unique **centre** du graphe.

– Le **diamètre** du graphe est la distance entre les deux sommets les plus éloignés du graphe.

Le **diamètre** du graphe est égal à 4 : les deux sommets les plus éloignés sont Victor-Sarah, ou Victor-Clémentine, ou Victor-Noah, qui sont à une distance de 4.

– Le **centre** d'un graphe est formé de l'ensemble des sommets (il peut y en avoir plusieurs) se situant à une distance des autres sommets inférieure ou égale au rayon.
Les centres d'un graphe sont les personnes à partir desquelles l'information se diffuse le plus vite dans le réseau. Ils sont appelés des « **influenceurs** ».

Un « influenceur » peut diffuser ses avis auprès d'un grand nombre de personnes.

La notion de « petit monde »

En 1967, l'**expérience de Milgram** a montré que toute personne était à une distance moyenne de six liens de tout autre individu dans le monde. On parle d'un effet « **petit monde** ».
Grâce aux réseaux sociaux, ce nombre se réduit : en 2011, il avait chuté à 4,67 sur Facebook.
Les réseaux sociaux favorisent la formation de communautés d'intérêt, et les algorithmes de recommandation renforcent ce phénomène.
Certains chercheurs alertent donc sur le cloisonnement de communautés qui cultivent l'entre-soi, avec pour conséquence un appauvrissement de la pensée critique.

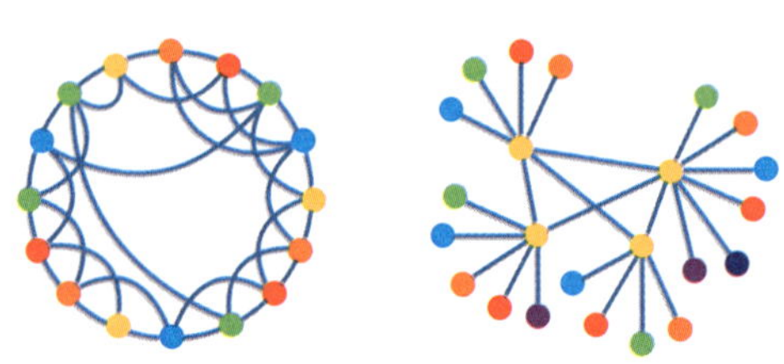

Des réseaux « petit monde » : deux sommets quelconques y sont reliés par un petit nombre d'intermédiaires.

Les définitions à connaître

- Un **graphe** est un ensemble de **sommets** reliés par des **arêtes**.
- La **distance** entre deux sommets d'un graphe est égale à la longueur du plus court chemin entre ces deux sommets.
- Le **rayon** du graphe est la plus petite distance à laquelle un sommet puisse se trouver de tous les autres.
- Le **diamètre** d'un graphe est la distance entre les deux sommets les plus éloignés du graphe.
- Le **centre** d'un graphe est formé de l'ensemble des **sommets** (il peut y en avoir plusieurs) se situant à une distance des autres sommets du graphe égale au **rayon**.
- Un **influenceur** sur un réseau social donné est une personne située au centre du graphe.

Carte mentale

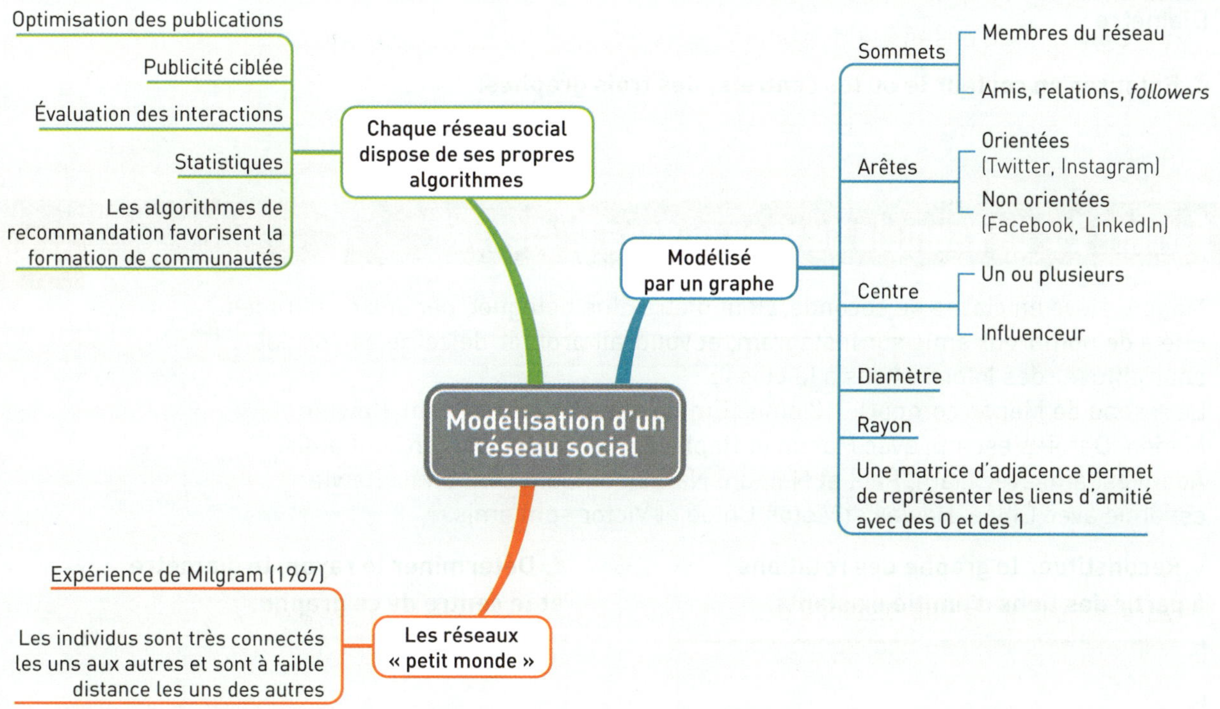

Ce qu'il faut retenir

Je dois être capable de :

- ☐ compter le nombre de sommets et d'arêtes d'un graphe
- ☐ repérer le centre d'un graphe
- ☐ évaluer la distance entre deux sommets choisis au hasard dans le graphe
- ☐ évaluer le rayon d'un graphe
- ☐ évaluer le diamètre d'un graphe
- ☐ décrire comment l'information présentée par les réseaux sociaux est conditionnée par le choix préalable de ses amis

EXERCICE 1 / Déterminer les caractéristiques d'un graphe

20 min

1. Compléter les caractéristiques de chacun des graphes suivants.

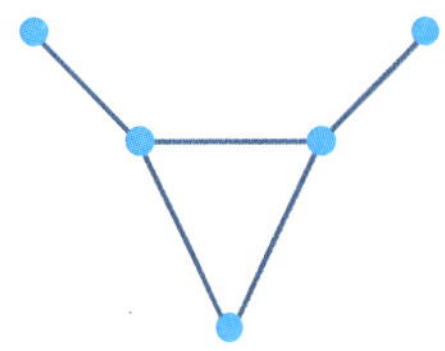

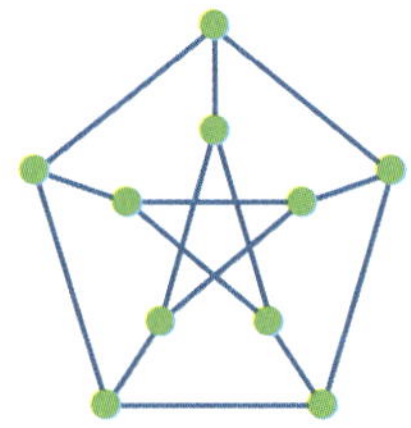

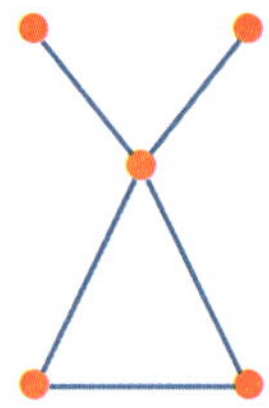

	Le graphe taureau	Le graphe de Petersen	Le graphe criquet
Nombre de sommets :	....	....	....
Nombre d'arêtes :	....	....	....
Rayon :	....	....	....
Diamètre :	....	....	....

2. Entourer en couleur le ou les centre(s) des trois graphes.

EXERCICE 2 / Un exemple de réseau dans la classe

20 min

Manon, élève en classe de seconde, vient d'être élue déléguée par ses camarades. Elle a de nombreux amis sur Instagram, et voudrait profiter de ce réseau social pour diffuser des informations à la classe.
Le réseau de Manon comporte 12 amis. Emma est amie avec Adam, Kawtar et Manon. Damien est ami avec Manon et Raphaël. Raphaël et Manon sont amis. Adam est ami avec Liam, Paul et Nathan. Nathan et Liam sont amis. Kawtar est amie avec Chloé, Hayfaa et Victor. Chloé et Victor sont amis.

1. Reconstituer le graphe des relations à partir des liens d'amitié existants.

2. Déterminer le rayon, le diamètre et le centre de ce graphe.

....

....

3. Conseiller à Manon deux liens d'amitié à créer sur le réseau afin d'être placée, elle aussi, au centre du graphe. Ajouter les arêtes correspondantes au graphe.

....

....

....

....

4. Si le lien d'amitié entre Emma et Manon se rompt, quelle sera la conséquence sur les centres du graphe ?

....

....

Exercice 3 / Des liens qui unissent... ou qui isolent

15 min

Le réseau Facebook, fort de 2,5 milliards d'abonnés actifs, est le support de nombreuses études sociologiques. Les chercheurs observent notamment la formation de liens (*bonding*) entre les personnes qui partagent un même centre d'intérêt ou une même opinion, par exemple politique. Ces communautés constituent des espaces d'échange privilégiés, mais forment aussi des petits mondes relativement cloisonnés où le conformisme est encouragé.

1. Donner un exemple de formation d'une communauté d'intérêt dans le domaine de votre choix.

....

....

2. Expliquer pourquoi les phénomènes communautaires font craindre un appauvrissement de la pensée critique.

....

....

....

3. Une solution souvent évoquée pour lutter contre cet effet consiste à nouer des liens entre des communautés qui ne se ressemblent pas (*bridging*). Proposer un exemple.

....

....

....

Exercice 4 / Des liens parfois orientés

15 min

Il existe deux principaux types de relation entre membres sur les réseaux sociaux :

Le lien d'amitié est bidirectionnel : A est ami avec B, et B est ami avec A. → Le lien est représenté par un trait plein, appelé lien non orienté : A — B

Si A est un *follower* de B, alors le lien est à sens unique : B n'est pas « ami » avec A, à moins que B l'ait décidé. → Le lien, appelé lien orienté, est représenté par une flèche pointant de A vers B : A → B

1. Réseau LinkedIn

2. Réseau Instagram

1. Sur LinkedIn, A est ami avec B, C, D et E. B est ami avec A et D. D est ami avec A et B. E est ami avec A. Représenter ce réseau à l'aide d'un graphe, en précisant si les liens sont orientés.

2. Sur Instagram, A est suivi par B, C et D. E suit B. Représenter ce réseau à l'aide d'un graphe, en précisant si les liens sont orientés.

3. Quel statut pourrait-on donner à A sur le réseau Instagram ? ....

Travailler en autonomie

Je révise pour l'évaluation

Aller sur lycee.editions-bordas.fr/cahier-SNT pour accéder à des QCM d'auto-évaluation.

SÉQUENCE 7

À la découverte des données numériques

Le savais-tu ?

Anecdote 1

Afin de refroidir ses centres de données (*data center*) sans trop dépenser d'énergie électrique, Facebook stocke et traite une grande partie de ses données à Luleå, en Suède, à quelques encâblures du cercle polaire.

Anecdote 2

Si l'on considère la totalité du cycle de vie d'un *e-mail*, le simple envoi d'un message d'un mégaoctet (1 Mo) équivaut à la consommation électrique d'une ampoule de 75 watts pendant 30 minutes, soit l'équivalent de 19 grammes de CO_2 émis.

Repères historiques

1930
Utilisation des cartes perforées, premier support de stockage de données.

1979
Création du premier tableur destiné aux ordinateurs personnels, VisiCalc.

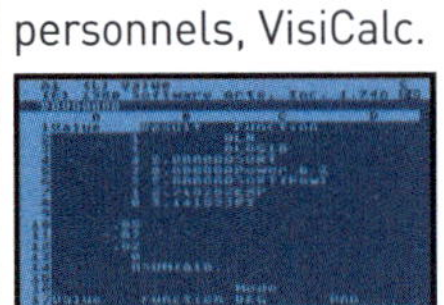

2009
Le président américain Barack Obama lance l'« *Open Government Initiative* », qui engage le gouvernement et ses agences à travailler avec les citoyens de manière transparente, participative et collaborative.

2013
Charte du G8 (Allemagne, Canada, États-Unis, France, Italie, Japon, Royaume-Uni et Russie) pour l'ouverture des données publiques.

Activité 1 / Les métadonnées d'un fichier personnel

20 min

Un professeur demande à ses élèves de réaliser un devoir maison à remettre sur clé USB.
Les élèves rendent tous à temps leur fichier-réponse, mais quelques-uns ont oublié d'indiquer leur nom ! Malgré cet oubli, le professeur corrige le devoir et attribue une note à chacun, sans se tromper.

1. Sur un ordinateur, choisir quelques-uns de vos fichiers personnels (sur clé USB ou dans le dossier personnel du lycée) et effectuer un clic droit sur ces derniers pour afficher leurs propriétés.
Ces données permettent-elles de vous identifier ?

....

....

2. Expliquer comment le professeur a pu mettre un nom sur chaque copie.

....

....

Les données servant à définir ou à décrire une autre donnée sont appelées **métadonnées** ; pour un *e-mail*, il s'agira par exemple de sa date d'envoi ; pour un fichier texte, de la date du dernier enregistrement. Tout fichier stocké sur smartphone contient également des métadonnées.

3. Quel sont les principaux formats de données stockées sur un smartphone ?

....

....

4. Donner des exemples de métadonnées qui pourraient être associées à des SMS ou à des appels téléphoniques.

....

En 2013, Edward Snowden a révélé que les services secrets américains (NSA) pratiquaient une surveillance de masse en interceptant chaque jour les métadonnées contenues dans des millions de messages (*e-mails*, SMS, etc.). Selon la NSA, ces informations sont indispensables à la lutte contre le terrorisme, et ne revêtent aucun caractère privé. L'agence affirme s'intéresser uniquement aux métadonnées des messages et aux relations entre les individus, mais en aucun cas au contenu des appels et des messages échangés.

5. En quoi, selon la NSA, toutes les métadonnées stockées sur un smartphone n'ont-elles pas « un caractère privé » ?

....

....

....

6. Pourquoi Edward Snowden s'est-il inquiété, en 2013, que la collecte de ces métadonnées puisse attenter à la vie privée des citoyens ?

....

....

....

....

....

Activité 2 / Un premier exemple de donnée structurée

40 min

Le format CSV (*Comma-Separated Values*) est un format de fichier structuré simple permettant d'enregistrer une **table**. Une table, comme présentée ci-dessous, contient des **valeurs** de différents types (chaînes de caractères, nombres, etc.), accompagnées de **descripteurs** qui précisent la nature du contenu.

Représentation par un tableau

Prénom	Année de naissance	Couleur des yeux
Michel	1932	Marron
Antoine	1980	Bleu
Charlotte	2006	Vert

← Table
← Descripteurs
← Valeurs (données)

Représentation au format .CSV

```
Prénom,Année de naissance,Couleur des yeux
Michel,1932,Marron
Antoine,1980,Bleu
Charlotte,2006,Vert
```

1. Combien cette table compte-t-elle de descripteurs ? Comparer ce chiffre au nombre de colonnes du tableau.

....

....

2. Où sont localisés les descripteurs dans la table ?

....

....

3. Combien cette table possède-t-elle de valeurs ?

....

4. Préciser le (ou les) type(s) des valeurs.

....

....

....

5. Quel est le rôle joué par les différentes virgules contenues dans le fichier CSV ?

....

....

....

6. a. Ouvrir l'application Bloc-notes. En respectant le format CSV, construire à la main un fichier représentant la table de début d'activité. Penser à appuyer sur la touche `Entrée` à la fin de chaque ligne de la table, excepté pour la dernière.

b. Enregistrer votre travail sous le nom `individus.csv`, sans oublier de renseigner l'extension .CSV.

7. Tester la validité du fichier CSV en copiant son contenu depuis le Bloc-notes vers la fenêtre de l'application LiveCSV accessible à l'adresse suivante : lycee.editions-bordas.fr/cahier-SNT.

On souhaite représenter cette table avec le logiciel tableur Calc.

8. a. Créer un nouveau fichier dans le tableur, puis saisir les mêmes données que précédemment, organisées en tableau.

b. Enregistrer votre travail sous le nom `tableau.ods`.

Pour tester l'interopérabilité des logiciels (l'échange de données), on ouvre le fichier **`tableau.ods`** créé avec Calc dans le Bloc-notes.

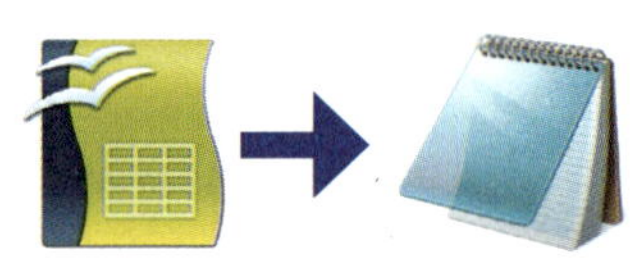

On obtient un texte semblable à celui-ci :

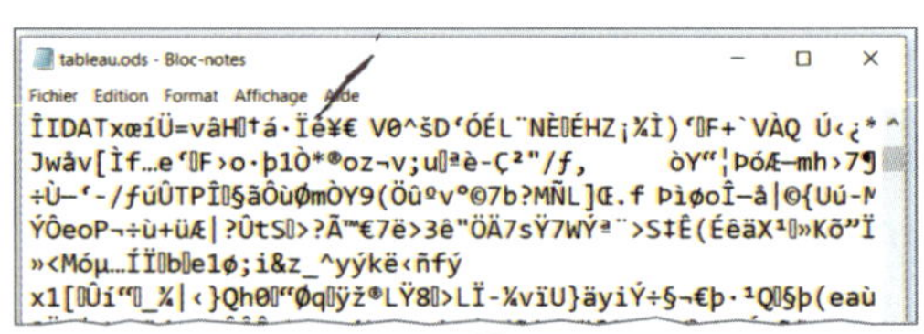

9. Commenter le résultat. Quel type de fichier (CSV ou ods) vous paraît le plus adapté à cet échange ?

....

....

....

....

....

....

Activité 3 / Stockage de données dans le *cloud*

30 min

Les parents de Justine viennent de souscrire pour elle un forfait mobile 4G. L'opérateur offre un espace de stockage en ligne avec ce forfait. Les données sont hébergées sur des serveurs sécurisés dans des centres de données ; ce type de services distants, accessibles par Internet, est désigné par le terme *cloud*.

1. Que représente la valeur de 60 Go annoncée dans le forfait ?

....

....

....

....

....

2. Quels types de documents Justine pourra-t-elle stocker sur le *cloud* ?

....

Pour utiliser le service de *cloud*, Justine installe l'application dédiée sur son smartphone et obtient l'écran ci-dessous.

3. Quels sont les types de données qui seront mises à jour si elle conserve le paramétrage par défaut ?

....

....

....

4. Quelle action doit-elle effectuer si elle ne souhaite pas sauvegarder ses photos personnelles sur le *cloud* au moment de leur prise de vue ?

....

....

Justine a synchronisé son smartphone avec le *cloud* de manière à sauvegarder automatiquement ses photos personnelles.

5. Quelle sera la conséquence si elle supprime par mégarde certaines photos contenues dans son smartphone ?

....

....

6. Quel conseil donner à Justine pour assurer la pérennité de ses photos personnelles ?

....

....

7. En 2020, la France compte environ 200 centres de données ; chacun consomme en moyenne 0,015 TWh d'électricité par an. Comparer leur consommation électrique annuelle totale à celle de la ville de Lyon, qui est d'environ 3,3 TWh par an.

....

....

L'essentiel du cours

Donnée et métadonnée

Une **donnée** est une **valeur** décrivant un objet, une personne, un fait, etc. Plusieurs **descripteurs** peuvent être utiles pour décrire un même objet.
Les fichiers contiennent également des **métadonnées** qui apportent des informations sur la nature des données enregistrées.

Prénom	Année de naissance	Couleur des yeux
Michel	1932	Marron
Antoine	1980	Bleu
Charlotte	2006	Vert

← Table
← Descripteurs
← Valeurs (données)

Dans cette table, les différents objets sont en ligne, les descripteurs en colonne, et les données à l'intersection.

Donnée personnelle

Selon la Commission nationale de l'informatique et des libertés (CNIL), une **donnée personnelle** désigne toute information se rapportant à une personne physique identifiée ou identifiable.
Les métadonnées revêtent un caractère personnel quand elles permettent d'identifier leur propriétaire.

Une photographie permet l'identification d'une personne de manière directe, tandis que les habitudes de consommation peuvent identifier quelqu'un de manière indirecte.

Les formats de données

Un **format de données** est utilisé pour représenter des informations représentant un texte, une page, une image, un son, un fichier exécutable, etc.
Lorsque ces données sont stockées dans un fichier, on parle de format de fichier.
Le respect d'un format de données rend possible l'échange de fichiers entre divers programmes informatiques et logiciels : c'est l'interopérabilité.

(a)
```
Prénom,Année de naissance,Couleur des yeux
Michel,1932,Marron
Antoine,1980,Bleu
Charlotte,2006,Vert
```

(b)
```
begin:vcard
fn:Marc Orian
email;internet:info@enews.marc-orian.fr
version:2.1
end:vcard
```

a. Le format CSV utilise des séparateurs pour enregistrer une table. **b.** Le format vCard permet de stocker des collections de contacts.

Stockage dans le *cloud*

À l'ère de la génération massive de données, les utilisateurs et les entreprises ont de plus en plus recours au stockage sur des serveurs distants, *via* le ***cloud***.
Les données y sont stockées de façon sécurisée. L'utilisateur peut choisir de partager des fichiers avec des tiers, et paramétrer la synchronisation avec ses supports locaux (ordinateur, smartphone, tablette, etc.).

Le *cloud* propose un ensemble de services (streaming musical, vidéo à la demande, etc.) grâce à des centres de données rassemblant des serveurs, baies de stockage, équipements réseaux, etc.

Centre de données

Les **centres de données** (*data centers*) rassemblent des serveurs mettant à disposition les données et des applications les exploitant. Ils sont opérationnels 24 h/24 et consomment une grande quantité d'électricité.
En 2017, ils ont consommé 4 % de l'électricité mondiale, soit 40 % de plus que la consommation annuelle du Royaume-Uni. Leur consommation double en moyenne tous les quatre ans. Sa réduction apparaît donc comme un enjeu environnemental majeur.

Équivalent de la consommation électrique

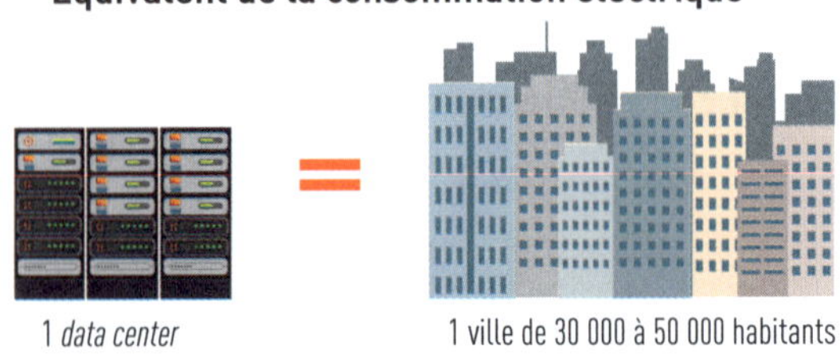

Afin de réduire la consommation énergétique liée au stockage de nos données sur le *cloud*, il est possible de les stocker sur un disque dur ou sur une clé USB, et de limiter leur volume en supprimant régulièrement celles qui sont inutiles.

Les définitions à connaître

• Un **descripteur** est un mot ou un groupe de mots qui permet de préciser la nature du contenu d'une donnée. La **valeur** d'une donnée est un nombre, une chaîne de caractère ou autre symbole, stocké dans une donnée.
• Une **donnée personnelle** désigne toute information se rapportant à une personne physique identifiée ou identifiable, directement ou indirectement.
• Une **table** est un ensemble de descripteurs et de valeurs, organisé sous la forme d'un tableau formé de lignes et de colonnes.
• Un **format de données** est une convention utilisée pour représenter des données, c'est-à-dire des informations représentant un texte, une page, une image, un son, un fichier exécutable, etc.
• Le ***cloud computing*** (plus communément appelé *cloud*, ou encore « l'informatique dans le nuage ») désigne un ensemble de services accessibles en ligne sur le Web : espace de stockage, streaming musical comme Spotify, vidéo à la demande comme Netflix, jeu à la demande (*cloud gaming*), etc.
• Un **centre de données** (*data center*) regroupe des équipements informatiques (serveurs, baies de stockage, etc.) permettant le stockage, le traitement et la protection des données.

Carte mentale

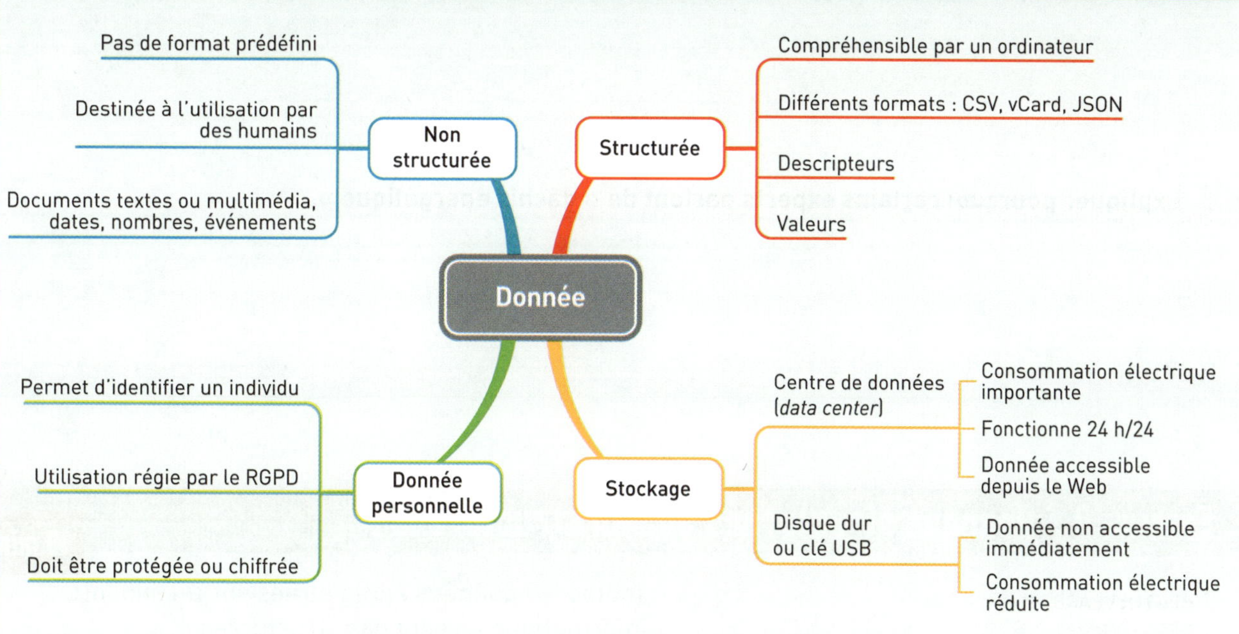

Ce qu'il faut retenir

Je dois être capable de :

- ☐ définir une donnée personnelle
- ☐ identifier les principaux formats de données (CSV et vCard)
- ☐ identifier les descripteurs d'un objet et de distinguer la valeur d'une donnée de son descripteur
- ☐ retrouver les métadonnées d'un fichier personnel
- ☐ utiliser un support de stockage dans le nuage (*cloud*), de partager des fichiers et paramétrer des modes de synchronisation
- ☐ identifier les principales causes de la consommation énergétique des centres de données, ainsi que leur ordre de grandeur

EXERCICE 1 / Consommation d'énergie d'un centre de données

20 min

Les centres de données restent opérationnels en permanence afin de répondre aux besoins des utilisateurs. Ils possèdent de grandes capacités de calcul afin de pouvoir absorber les afflux de données lors des pics d'utilisation qui se produisent quelques heures par jour. Les quelques 200 centres de données installés en France métropolitaine ont consommé près de 3 térawattheures en 2015, soit autant que la ville de Lyon sur la même période.

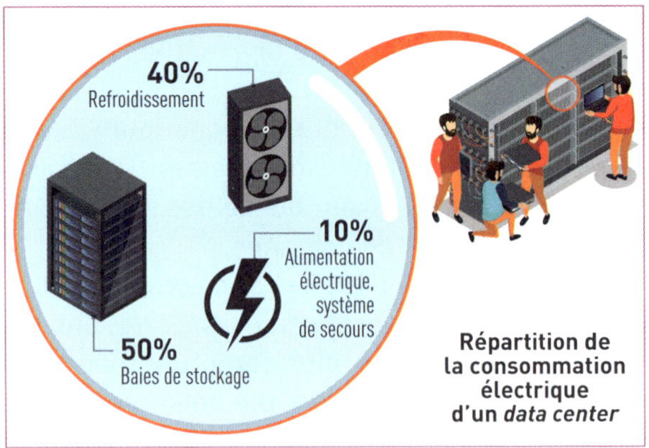

Répartition de la consommation électrique d'un *data center*

1. Expliquer pourquoi l'emploi d'un système de refroidissement est indispensable dans un centre de données.

....

2. À votre avis, pourquoi l'entreprise Facebook a-t-elle installé des serveurs en Suède ?

....

3. Expliquer pourquoi certains experts parlent de « gâchis énergétique ».

....

EXERCICE 2 / Données structurées ou non structurées ?

10 min

Toutes les données enregistrées sur un support informatique ne sont pas structurées.
Des données structurées sont organisées et munies de caractères séparateurs de manière à pouvoir être lues et exploitées par un ordinateur.

(A)
```
BEGIN:VCARD
VERSION:2.1
N:Dramont;Edith;;;
TEL;CELL:0698765432
END:VCARD
```

(B)
```
Maître Corbeau, sur un arbre perché,
Tenait en son bec un fromage.
Maître Renard, par l'odeur alléché,
Lui tint à peu près ce langage :
```

(C)
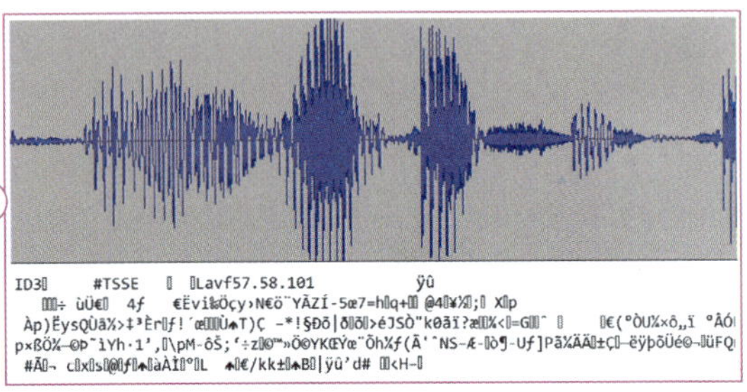

1. Parmi les données ci-contre (A, B et C), retrouver la donnée texte, la donnée audio et la donnée vCard.

....

2. Indiquer si chaque donnée est structurée ou non.

....

Exercice 3 / Découverte du format de données vCard

30 min

Le format vCard permet l'échange de cartes de visite ou de contacts entre de nombreux logiciels de courrier électronique et de messagerie instantanée (de type Skype), ainsi que des appareils mobiles (téléphones, tablettes etc.).

Un fichier vCard porte une extension .vcf (acronyme de *Virtual Card File*). Son contenu est lisible par n'importe quel éditeur de texte.

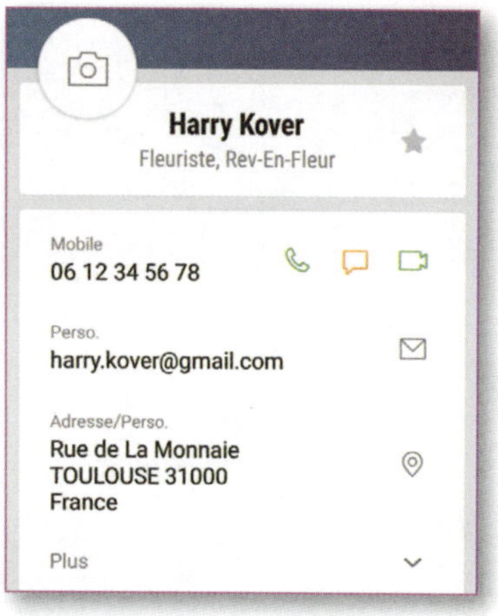

1. Le fichier vCard ci-contre, affiché sur un smartphone, contient-il des données personnelles ?

2. Aller sur le site lycee.editions-bordas.fr/cahier-SNT **et télécharger le fichier** `Harry_Kover.vcf`. **L'ouvrir avec un éditeur de texte tel que Bloc-notes.**

3. Quelles instructions annoncent le début et la fin des données ?

4. Combien le fichier comporte-t-il de descripteurs différents ? Les citer.

5. Donner la valeur associée au descripteur TEL. De quelle donnée s'agit-il ?

6. Quel est le caractère utilisé pour séparer les différentes valeurs entre elles ?

7. Le format vCard est-il sécurisé ? Justifier.

En 2018, l'Union européenne a promulgué le règlement pour la protection des données personnelles (RGPD). Il oblige les entreprises qui détiennent les données personnelles de leurs clients à en assurer la sécurité.

8. Des fichiers vCard peuvent-ils être utilisés par le propriétaire d'une pizzeria pour la gestion de ses clients ? Si oui, quelle précaution doit-il prendre ?

Travailler en autonomie

Je révise pour l'évaluation

Aller sur lycee.editions-bordas.fr/cahier-SNT pour accéder à des QCM d'auto-évaluation.

SÉQUENCE 8

Traitement de données

Le savais-tu ?

Anecdote 1

Le volume de données à traiter au niveau mondial pourrait atteindre 175 zettaoctets en 2025, soit 175 milliards de téraoctets.

Anecdote 2

Dans les années 1990, la compagnie d'assurance-santé des employés de l'État du Massachusetts a rendu publique la liste des séjours hospitaliers de ses assurés. Le gouverneur de l'État avait alors assuré qu'il n'y avait aucun risque pour la vie privée, car le fichier avait été anonymisé. Pourtant, quelques semaines plus tard, une étudiante parvint à identifier le dossier santé du gouverneur en croisant les données d'un fichier d'assurances avec une liste électorale !

Repères historiques

1956
Mise au point du premier disque dur permettant de stocker de plus grandes quantités d'informations.

1970
Invention du « modèle relationnel » par l'informaticien britannique E. L. Codd, un ensemble d'outils et d'opérations pour gérer des bases de données.

2002
Début de la formalisation du format JSON par le programmeur américain D. Crockford.

2013
La plateforme ouverte des données publiques françaises data.gouv.fr est mise en ligne.

Activité 1 / Comment exploiter les données d'un site *Open Data* ?

50 min

Environ 38 000 voitures électriques ont été immatriculées en France en 2019. Afin d'illustrer un article sur l'essor de ces voitures, un journaliste souhaite afficher sur une carte les stations de recharge de la ville de Paris.

Pour obtenir cette carte, nous allons effectuer un traitement de base de données en suivant ces étapes :
1 : choisir la base de données structurée à traiter, et la télécharger au format CSV ;
2 : importer la base de données avec un tableur ;
3 : supprimer de la base les données inutiles en ne gardant que les descripteurs pertinents ;
4 : afficher graphiquement la position des stations.

Étape 1

1. Aller sur le site data.gouv.fr et chercher le jeu de données appelé « Fichier consolidé des Bornes de Recharge pour Véhicules Électriques (IRVE) » à l'aide de la barre de recherche.

2. Télécharger la version 1 du schéma (août 2021) au format CSV.

Étape 2

3. Ouvrir le fichier téléchargé avec un tableur en choisissant le point-virgule comme séparateur de champ (si le logiciel demande de le préciser).

4. Combien de descripteurs et de valeurs comporte ce fichier au format CSV ?

Étape 3

5. Comment chaque station de recharge peut-elle être identifiée de manière unique ?

La carte souhaitée doit localiser chaque station, afficher le nombre, le type et la puissance de chaque prise de courant disponible, ainsi que son éventuelle gratuité.

6. Ne garder que les six descripteurs suivants : `id_station`, `n_station`, `code_insee`, `Xlongitude`, `Ylatitude`, `nbre_pdc`, en supprimant les autres et les données associées.

7. Quelles sont les descripteurs qui permettront de géolocaliser chaque station de recharge sur une carte ?

8. Renommer les descripteurs `Ylatitude` et `Xlongitude` en `latitude` et `longitude`, afin de les rendre compatibles avec la suite de l'activité.

9. En parcourant le jeu de données, repérer d'éventuelles erreurs d'insertion.

10. Sauvegarder les données dans un nouveau fichier nommé `stations.csv`, en conservant son format actuel : Fichier > Enregistrer Sous.

Étape 4

11. Aller sur lycee.editions-bordas.fr/cahier-SNT, puis cliquer sur l'interface « LiveCSVmap » dans la séquence 8.

12. Ouvrir le fichier `stations.csv` avec Bloc-notes. Copier-coller les cinq premières lignes de la table (avec les descripteurs) dans l'interface « LiveCSVmap » afin de les géolocaliser sur une carte.

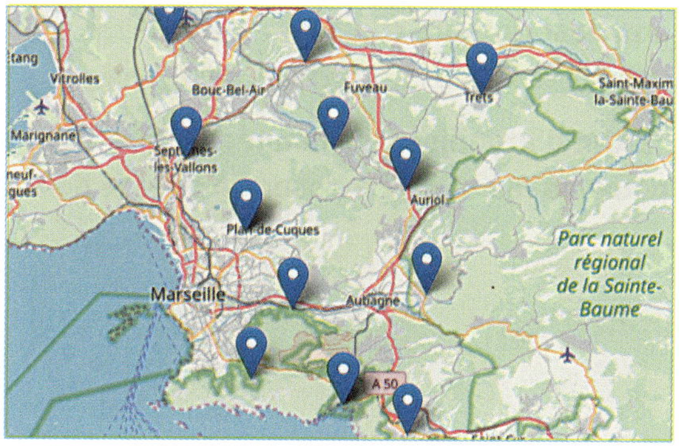

Activité 2 / Traitement des données structurées

30 min

STAYING ALIVE

Arthur, âgé de 13 ans, a assisté à une formation intitulée « prévention et secours civiques » de niveau 1. Le formateur lui a montré comment réaliser un massage cardiaque. Arthur a également appris l'existence de l'application pour smartphone *Staying Alive*, qui géolocalise les défibrillateurs automatisés externes (DAE) de l'espace public ainsi que les personnes sachant les utiliser. Accompagné d'un massage cardiaque, le défibrillateur contribue à augmenter significativement les chances de survie pour les victimes d'arrêt cardiaque.

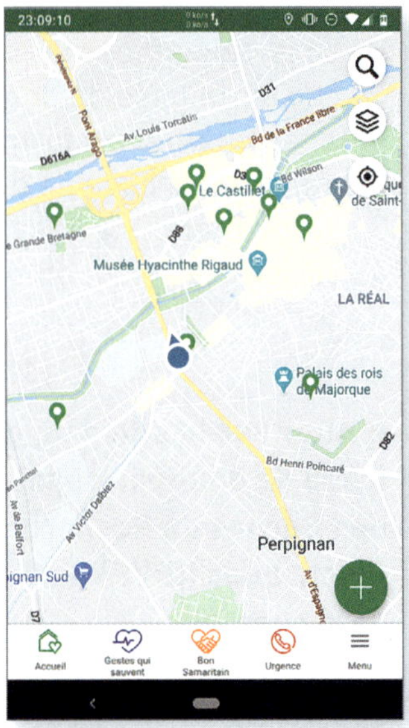

Arthur installe l'application sur son smartphone afin d'être alerté en cas d'urgence, et peut-être de sauver une vie. Après avoir activé la géolocalisation de son téléphone, il obtient l'écran ci-contre.

1. Dans son menu, l'application *Staying Alive* incite à compléter ou à vérifier le jeu de données existant. Expliquer pourquoi.

....

....

....

....

2. Que représentent le point bleu et les marques vertes sur l'écran ?

....

....

....

....

Arthur souhaite effectuer lui-même un traitement de données à l'aide d'un tableur pour comptabiliser les DAE de sa ville.

3. a. Télécharger le fichier `DAE.csv` sur le site lycee.editions-bordas.fr/cahier-SNT puis cliquer sur Séquence 8.

b. Ouvrir le jeu de données avec le tableur Calc de la suite Open Office en précisant au besoin le caractère séparateur, ici le point-virgule.

c. Supprimer les données inutiles en ne gardant que celles qui sont associées aux descripteurs suivants : `Identifiant`, `Code postal`, `Ville`, `latitude`, `longitude`.

4. Afin d'organiser les données, nous pouvons les trier. Proposer un critère de tri.

....

....

....

....

Nous allons trier les villes par code postal croissant.

5. Cliquer sur Données > Trier > Trier selon « Ville » et par ordre Croissant.

Afin de sélectionner uniquement certaines données de la table, nous allons **filtrer** les données. Par exemple, pour afficher les DAE de la ville de Perpignan, on clique sur Données > Filtre > Filtre standard, puis on définit la condition suivante :

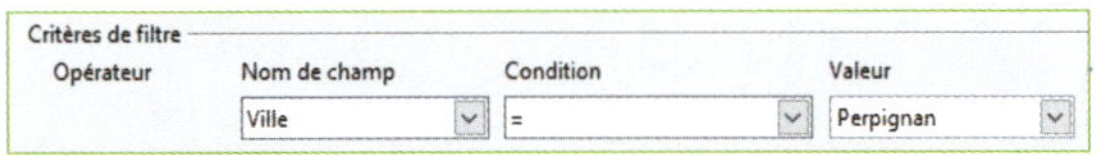

6. Filtrer les données, puis indiquer combien de DAE ont été déclarés sur la ville de Perpignan dans ce jeu de données.

....

Afin d'effectuer un **comptage**, on peut aussi appliquer la fonction NB.SI(plage ; critère) à une partie du jeu de données.

7. Appliquer la formule suivante à une cellule vide du tableau :

```
=NB.SI(C1:C92;"=Perpignan")
```

où la lettre « C » désigne la colonne des villes. Commenter la valeur qui s'affiche dans la cellule.

....

....

Activité 3 / Gestion d'un zoo à l'aide d'une base de données

50 min

Amine a fait son stage en entreprise dans un parc zoologique.
Le responsable du parc lui a demandé de construire une base de données des animaux afin de faciliter le travail quotidien des soigneurs.
Nous allons exploiter une base de données simplifiée pour répondre aux questions suivantes :

A : Comment s'appellent les loups ? **B :** Boubou est-il herbivore ?
C : Quel animal s'est blessé le 12 mai 2017, et comment ?
D : Quelle est l'espérance de vie d'une tortue d'eau ?

1. Télécharger le fichier base_zoo.odb **créé par Amine sur le site lycee.editions-bordas.fr/cahier-SNT, puis l'ouvrir à l'aide du logiciel Base de la suite OpenOffice.**

2. Cliquer sur le bouton [Tables] pour faire apparaître les tables de la base de données. Compléter les descripteurs de chacune des tables, en les ouvrant une par une à l'aide d'un double-clic.

TABLE animaux			
nom	....	....	....

TABLE blessures			
ID	nom	....	....

TABLE races			
race	....	....	....

3. Quelle table faut-il consulter pour répondre à la question A ?

....

Pour répondre à la question A, nous allons exploiter un langage de requête structurée, le SQL.

4. Cliquer sur le bouton [Requêtes], puis [SQL Créer une requête en mode SQL.]. Dans le champ qui apparaît, écrire la requête suivante puis appuyer sur F5 :

```
SELECT "nom"
FROM "animaux"
WHERE "race"='Loup'
```

Le mot-clé SELECT choisit les descripteurs à renvoyer.
Le mot-clé FROM indique dans quelle table chercher.
Le mot-clé WHERE sélectionne uniquement certaines entrées.

5. Le résultat de la requête est-il conforme à celui attendu ? Répondre à la question A.

....

Pour répondre à la question B, nous allons lier les tables *animaux* et *races* grâce à une opération de « jointure ».

6. Écrire la requête ci-contre et répondre à la question B.

```
SELECT "nom","regime_alimentaire"
FROM "animaux" JOIN "races"
ON "animaux"."race"="races"."race"
WHERE "nom"='Boubou'
```

....

7. Si Amine n'avait utilisé qu'une seule table pour la gestion du zoo, quelles difficultés aurait-il pu rencontrer lors de l'insertion d'une donnée ou de sa suppression ?

....

....

PROLONGEMENT
Écrire les requêtes SQL afin de répondre aux questions C et D.

L'essentiel du cours

Manipulation de données structurées

Les données accessibles sur le Web sont **structurées** de manière à être traitées rapidement et efficacement.
Les formats CSV et JSON présentent l'avantage d'être lisibles aussi bien par un humain que par une machine. Certaines bases de données mondiales contiennent plusieurs milliards de valeurs et leur manipulation nécessite des outils spécifiques.

En 2010, la base de données de Facebook avait une taille de $21 \cdot 10^{15}$ octets, soit 21 pétaoctets.

Le format CSV

La première ligne d'un fichier au **format CSV** contient une liste de ses descripteurs, séparés par des virgules ou des points-virgules. Les autres lignes contiennent les valeurs associées à ces descripteurs.
En fin de ligne, le retour à la ligne est matérialisé par un caractère particulier, le retour chariot (CR, *Carriage Return*), excepté pour la dernière ligne où il est facultatif.

Le format JSON

Un **fichier JSON** comprend deux types d'éléments : des ensembles de paires "clé":"valeur", et des listes ordonnées de valeurs.
À la différence du fichier CSV, il n'est pas possible de sélectionner facilement une seule colonne ; le parcours total du fichier est indispensable.
Ces formats de données structurées peuvent être pris en charge par un tableur ou un programme en Python. Cette opération porte le nom de *parsing* (« analyse lexicale »).

Voici différentes représentations structurées d'un même jeu de données :

sous forme de tableau

id	nom	race
1	Wanita	Tigre
2	Punk	Loutre
3	Toko	Toucan

au format CSV

```
id;nom;race
1;Wanita;Tigre
2;Punk;Loutre
3;Toko;Toucan
```

Ici, les descripteurs sont séparés par des points-virgules. Les trois autres lignes contiennent les valeurs associées.

au format JSON

```
[
  {
    "id":1,
    "nom":"Wanita",
    "race":"Tigre"
  },
  {
    "id":2,
    "nom":"Punk",
    "race":"Loutre"
  },
  {
    "id":3,
    "nom":"Toko",
    "race":"Toucan"
  }
]
```

Le fichier possède autant de paires "clé":"valeur" qu'il y a d'entrées, séparées par des virgules.

Traitement d'une donnée structurée

Afin d'exploiter des données structurées dans une application ou dans une feuille de calcul, on effectue les tâches suivantes :
- se rendre sur le site web de données ouvertes et télécharger le jeu de données à traiter dans un format de données approprié ;
- supprimer du jeu de données les descripteurs non pertinents pour l'étude souhaitée ;
- effectuer les diverses opérations de **recherche**, de **tri**, de **filtre** ou de **calcul** sur le jeu de données simplifié ;
- mettre en valeur les résultats de l'étude.

Le langage SQL

Le **langage informatique SQL** (*Structured Query Language*) permet de communiquer avec une base de données et d'effectuer une **requête**.

```
SELECT prenom
FROM amis
WHERE age>15 ;
```

Cette requête SQL permet de rechercher les prénoms de la table **amis** dont l'âge est strictement supérieur à 15 ans.

Les définitions à connaître

• Les **données ouvertes (*Open Data*)** sont des données numériques libres et accessibles gratuitement. Elles peuvent être d'origine publique ou privée, et sont diffusées dans un format structuré.
• Une **opération de recherche** consiste à rechercher la présence d'une valeur dans la table.
• Une **opération de tri** consiste à organiser des valeurs selon un critère : classement par valeurs croissantes ou décroissantes, par ordre alphabétique, etc.
• Une **opération de filtre** consiste à sélectionner des valeurs selon un critère, afin de n'afficher que les données voulues et de masquer les autres.
• Une **opération de calcul** consiste à effectuer un calcul basé sur les valeurs d'un jeu de données : faire une moyenne, une somme ; calculer une distance entre deux points de l'espace, etc.
• **Lier deux tables entre elles** consiste à croiser les informations de chacune des tables. Cette opération limite la répétition (redondance) des données.

Carte mentale

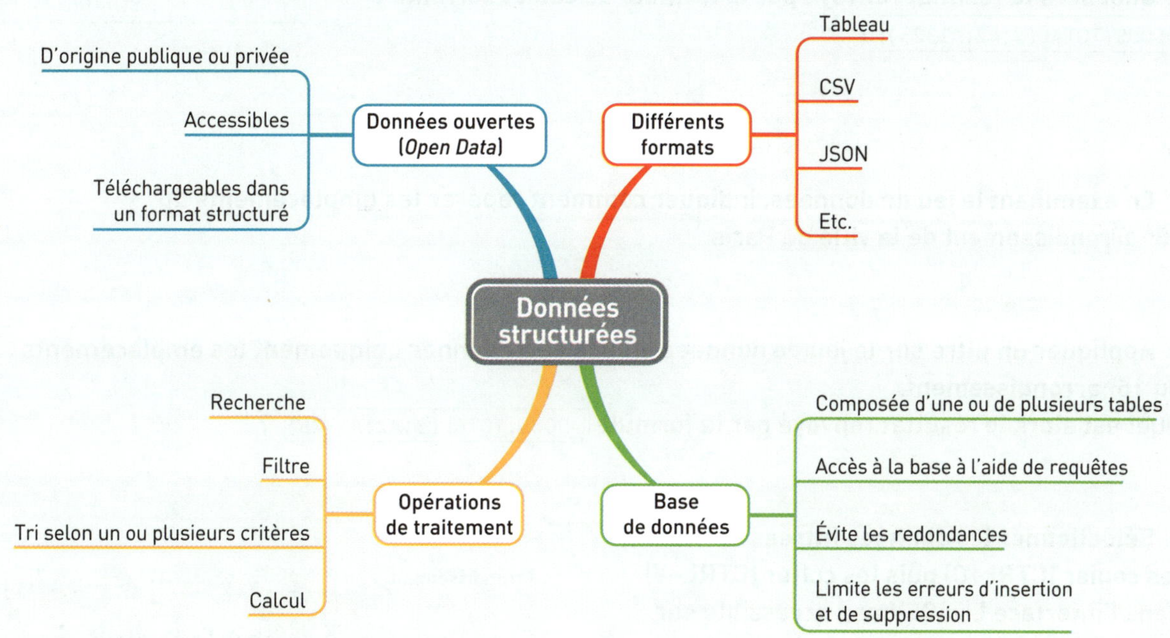

Ce qu'il faut retenir

Je dois être capable de :

- ☐ utiliser un site de données ouvertes pour sélectionner et récupérer des données
- ☐ réaliser des opérations de recherche et de tri sur une ou plusieurs tables
- ☐ réaliser des opérations de calcul sur une table
- ☐ réaliser des opérations de filtre sur une table

EXERCICE 1 / Emplacements de stationnement des trottinettes

45 min

La ville de Paris tient à jour la liste des emplacements de stationnement des trottinettes.

1. a. Télécharger le fichier `trottinettes_Paris.csv` **sur le site** lycee.editions-bordas.fr/cahier-SNT.

b. Ouvrir le jeu de données avec le tableur Calc, puis ne garder que les descripteurs : `code_postal`, `adresse`, `longitude`, `latitude` **en supprimant les autres et les données associées.**

Dans le tableur Calc, la fonction SOUS.TOTAL renvoie les résultats de diverses fonctions appliquées à des données filtrées. Sa syntaxe est la suivante :

`SOUS.TOTAL(num;plage)`

où `plage` est la plage entière à partir de laquelle les cellules nécessaires au calcul sont sélectionnées par filtrage ;
et `num` est un nombre qui spécifie la fonction à calculer, selon le tableau de correspondance ci-contre.

num	fonction
1	MOYENNE
2	NB
3	NB.VAL
4	MAX
5	MIN
6	PRODUIT
7	ECARTYPE
8	ECARTYPEP
9	SOMME

2. Quel sera le résultat renvoyé par la formule de calcul suivante : `=SOUS.TOTAL(3;A2:A1325)` **?**

....

....

3. En examinant le jeu de données, indiquer comment repérer les emplacements du 15ᵉ arrondissement de la ville de Paris.

....

4. Appliquer un filtre sur le jeu de données afin de sélectionner uniquement les emplacements du 15ᵉ arrondissement.
Quel est alors le résultat renvoyé par la formule `=SOUS.TOTAL(3;A2:A1325)` **?**

....

5. Sélectionner les données filtrées (CTRL+A), les copier (CTRL+C) puis les coller (CTRL+V) dans l'interface LiveCSVmap accessible sur lycee.editions-bordas.fr/cahier-SNT **afin de géolocaliser les emplacements sur une carte. Vérifier que leur positionnement est correct en comparant le résultat à la carte ci-contre.**

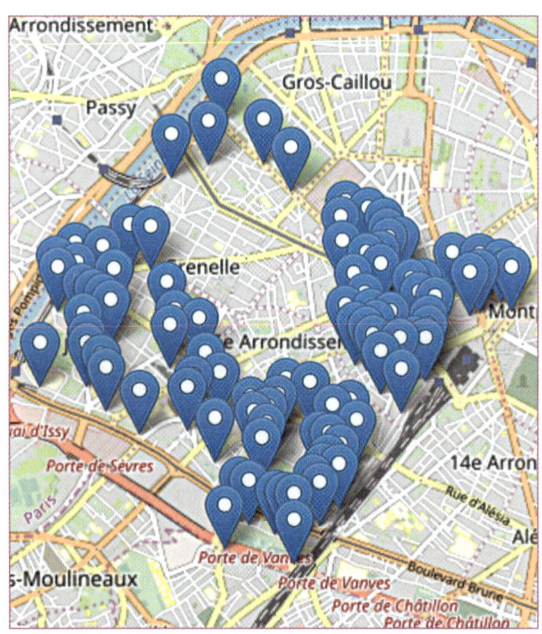

6. De la même manière, sélectionner les emplacements des 12ᵉ et 15ᵉ arrondissements pour les afficher sur une même carte.

7. À l'aide d'un filtre, rechercher les emplacements situés rue de Vaugirard, dans le 6ᵉ arrondissement. Combien d'emplacements répondent à ce critère ?

....

....

Exercice 2 / Examen d'une donnée structurée JSON

30 min

Jeanne est une influenceuse sur Instagram. Afin de développer son activité, elle finalise un site web de vente par correspondance. Sur la page d'accueil du site, elle souhaite afficher quelques données statistiques de sa chaîne YouTube. Pour cela, elle s'est inscrite sur YouTube Analytics avec son numéro d'identification (id), ce qui lui donne accès à une API key personnelle (clé API).

L'adresse web ci-dessous permet d'accéder directement à ses données. Elle contient des informations après le point d'interrogation, qui transitent ainsi d'une page web à une autre.

https://www.googleapis.com/youtube/v3/channels?part=statistics&id=UCW8o4E3P504CxAw
&key=AIzaSyAM1THa3eKd39o&fields=items(id,statistics)

1. Dans cette adresse web, souligner l'identifiant unique de youtubeuse de Jeanne, et entourer la clé API qui lui a été communiquée.

2. En observant la fin de la requête saisie dans le navigateur, indiquer quels sont les items qui lui seront communiqués en retour.

....

....

Le document ci-contre représente le fichier qui lui est renvoyé.


```
{
  "items":[
    {
      "id":"UCW8Vxo504CxAw",
      "statistics":{
        "viewCount":"222286",
        "commentCount":"0",
        "subscriberCount":"2670",
        "hiddenSubscriberCount":false,
        "videoCount":"88"
      }
    }
  ]
}
```


3. Sous quel format les données sont-elles renvoyées ?

....

4. Combien de paires `"clé":"valeur"` comporte le descripteur `items` ? Citer le nom des différentes clés.

....

....

5. En analysant le fichier JSON, compléter les informations suivantes :

Nombre d'abonnés à la chaîne : .... Nombre de vidéos publiées sur sa chaîne : ....

Nombre total de vues : .... Le compteur d'abonnés est-il visible sur sa chaîne ? ....

Parmi ces données récupérées, Jeanne peut alors choisir celles qu'elle souhaite afficher sur son site web.

6. Jeanne récupère ces données une fois par jour. Lesquelles sont susceptibles de changer ?

....

....

....

Travailler en autonomie

Je révise pour l'évaluation

Aller sur lycee.editions-bordas.fr/cahier-SNT pour accéder à des QCM d'auto-évaluation.

SÉQUENCE 9

À la découverte de la géolocalisation

Le savais-tu ?

Anecdote 1

Le système de géolocalisation le plus utilisé est le système GPS *(Global Positioning System)*. Il est la propriété du gouvernement américain. Celui-ci pourrait choisir d'en dégrader le signal pour toute application civile, comme ce fut le cas jusqu'en 2000, faisant chuter sa précision de quelques mètres à 100 m.

Anecdote 2

Chaque constellation de satellites de géolocalisation compte de 24 à 32 satellites, soit plus d'une centaine pour les quatre différents systèmes déployés par les États-Unis, l'Union européenne, la Russie et la Chine.

Repères historiques

1978
Lancement du premier satellite de la constellation GPS.
Le premier récepteur GPS portable sera commercialisé onze ans plus tard.

1998
L'Union européenne présente un projet qui deviendra son système de positionnement par satellite : *Galileo.*

GALILEO

2000
Arrêt du brouillage des signaux GPS sur décision du président Bill Clinton.

2003
Mise en place de Beidou, constellation chinoise, dont la couverture est limitée à une partie de l'Asie.

Activité 1 / Une analogie pour comprendre la géolocalisation

30 min

Aladdin s'est perdu en cherchant l'entrée de la caverne aux merveilles (C) dans le désert. Pour l'aider à se repérer, son singe (S), le mage noir (M) et la princesse (P) lui envoient un corbeau à 8 h 00 précises. Chaque corbeau vole à la vitesse de 10 m/s en ligne droite vers Aladdin, qui note ensuite l'heure de son arrivée. Un plan est donné ci-dessous (le côté d'un carré représente 1 000 m dans la réalité).

1. Compléter le tableau suivant qui liste les horaires d'arrivée de chaque corbeau.

	Heure du lâcher	Heure de réception	Durée écoulée (en s)	Distance (en m)	Distance sur le plan (en carreaux)
Singe (S)	8 h 00 min 00 s	8 h 09 min 20 s	....	....	....
Mage noir (M)	8 h 00 min 00 s	8 h 27 min 30 s	....	....	....
Princesse (P)	8 h 00 min 00 s	8 h 21 min 50 s	....	....	....

Vos calculs : ....

2. a. À l'aide du tableau, repérer la position d'Aladdin (A) sur la carte.

b. Dans quelle direction Aladdin doit-il marcher ?

....

Vous venez d'appliquer une méthode de trilatération qui est comparable à celle mise en œuvre par un récepteur GPS pour déterminer sa position. Le mage noir, la princesse et le singe sont alors analogues aux satellites GPS qui orbitent en permanence à environ 20 000 km au-dessus de nos têtes. Ces derniers envoient des signaux électromagnétiques qui se déplacent à la vitesse de la lumière et contiennent leur position et l'heure d'émission. Le récepteur décode les informations qu'il reçoit et note l'heure d'arrivée des différents signaux.

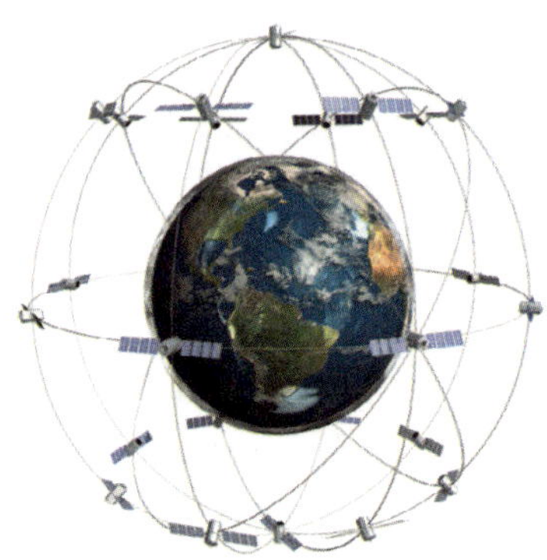

3. Par analogie avec votre méthode de résolution, expliquer comment le récepteur peut déterminer sa position grâce aux informations fournies par quatre satellites.

....

Activité 2 / Comment décoder une trame NMEA ?

30 min

Vous participez à une activité de géocaching, une chasse au trésor qui exploite le positionnement par satellite GPS. Pour trouver la « géocache », vous disposez de l'indice suivant :

$GPGGA,113022.112,4350.3944,N,00420.9201,E,1,04,10,56.4,M,,,,0000*16

Vous savez en outre qu'il s'agit d'une trame NMEA. Grâce à une rapide recherche sur le Web, vous trouvez la documentation reproduite en bas de page.

1. Déterminer la latitude et la longitude de la cache à partir de la trame NMEA fournie.

Latitude : .... Longitude : ....

2. Placer le point correspondant sur la carte ci-contre en explicitant vos calculs.

3. Où devez-vous vous rendre pour trouver la cache ? ....

4. a. Quelle est la précision de l'information donnée par l'indice ?

....

b. Tracer sur la carte la zone à explorer. Devrez-vous fouiller le sanctuaire de la fontaine ?

....

Le protocole NMEA 0183

Le protocole NMEA 0183 est issu de la navigation maritime. Il repose sur l'échange de trames entre les appareils de géolocalisation, quelle que soit l'origine des données échangées (GPS, GLONASS, BeiDou...).

Exemple de trame :

$GPGGA,120012.456,4851.2943,N,00217.3983,E,1,04,4.0,33.9,M,,,,0000*30

- $GPGGA : Type de trame, ici GPS
- 120012.456 : Heure d'envoi : 12 h 00 min 12,456 s (UTC)
- 4851.2943,N : Latitude 48°51,2943' Nord
- 00217.3983,E : Longitude 2°17,3983'Est
- 1 : Type de positionnement, ici GPS
- 04 : Nombre de satellites utilisés
- 4.0 : 4,0 Précision de la localisation, en mètres
- 33.9,M : Altitude au-dessus de la mer, en mètres
- ,,,0000*30 : Champs complémentaires

Activité 3 / Géolocalisation et téléphonie mobile

30 min

De nombreux services sur le Web, plus ou moins sérieux, proposent de géolocaliser un téléphone portable « en direct ». Les parents d'Amine seraient rassurés de savoir où ce dernier se trouve à chaque instant grâce à l'un de ces services. Amine souhaite rassurer ses parents, mais se questionne sur la préservation de sa vie privée...

Pour se localiser, le GPS n'est qu'un moyen parmi d'autres. Le smartphone exploite également l'identifiant des antennes du réseau mobile, ou encore la liste des points d'accès Wi-Fi à proximité. Le smartphone croise cette liste avec une base de données remplie par d'autres utilisateurs de smartphones, anonymement et « automatiquement ».

Sur la page d'un des sites visités par les parents d'Amine, on peut lire que la géolocalisation ne fonctionne pas si le téléphone est éteint ou en dehors de la zone de couverture de son opérateur téléphonique, mais qu'elle fonctionne à nouveau dès qu'il est connecté à Internet.

CNIL. COMMISSION NATIONALE INFORMATIQUE & LIBERTÉS

Ces sites de géolocalisation ont l'obligation de prévenir l'utilisateur du téléphone. De plus, ils citent systématiquement leur enregistrement auprès de la CNIL. Cet organisme a pour mission de protéger nos données personnelles d'utilisations abusives, tout en accompagnant l'innovation et en préservant les libertés individuelles.

1. D'après vos connaissances, comment le téléphone peut-il être géolocalisé ?

2. Pour paramétrer un smartphone, pourquoi parle-t-on de « service de localisation » plutôt que de « localisation par satellite » ?

3. Décrire les actions à réaliser pour éviter la localisation de votre téléphone. Quelle icône, dans la barre d'état, signale que la localisation est activée ?

4. Expliquer pourquoi le site consulté par les parents d'Amine a besoin de son numéro de téléphone.

5. Pourquoi l'accord du propriétaire du numéro est-il rendu nécessaire par la loi ?

6. Par quel moyen le site récupère-t-il la localisation du téléphone ?

L'essentiel du cours

Les systèmes de géolocalisation

Les systèmes de géolocalisation couramment appelés « GPS » reposent sur la présence de constellations de satellites en orbite autour de la Terre.
La constellation **GPS** a été mise en place par l'armée américaine dans les années 1960. Le système européen **Galileo**, plus récent, est aujourd'hui pleinement fonctionnel.
Ces systèmes ne sont pas toujours efficaces en ville car les bâtiments atténuent fortement le signal. Ils peuvent être complétés par d'autres moyens de localisation comme la **détection de bornes Wi-Fi** proches, ou encore une **trilatération** via le réseau d'antennes de téléphonie mobile.

L'intersection des sphères centrées sur quatre satellites différents fournit la position du récepteur.

Principe de la géolocalisation

Un **satellite GPS** est muni d'une horloge atomique qui mesure le temps avec une très grande précision. Il émet régulièrement des messages contenant cette heure en direction de la Terre. Chaque message se propageant à la vitesse de la lumière, le récepteur peut calculer sa distance au satellite en mesurant la durée de transmission.
Pour être localisé, un récepteur doit recevoir les ondes d'au moins quatre satellites.

La trame NMEA

Les récepteurs GPS fournissent la localisation sous une forme normalisée facilement décodable grâce au **protocole NMEA 0183**.
La trame GPS NMEA émise par un récepteur GPS contient des caractères répartis dans plusieurs champs séparés par des virgules.
On y trouve notamment la **latitude**, la **longitude**, l'heure d'émission et l'altitude.
Ces trames servent à échanger des informations de localisation entre appareils.

Les trames NMEA sont issues du monde de la navigation, et ont été adaptées aux divers systèmes de géolocalisation.

Et ma vie privée ?

De nombreuses applications ont accès à la localisation du téléphone, ce qui leur permet d'envoyer des publicités ciblées, de suivre les itinéraires, ou encore de localiser une personne.
Grâce à un **paramétrage** adéquat de son smartphone, l'utilisateur autorise ou non l'accès à ses données de localisation.

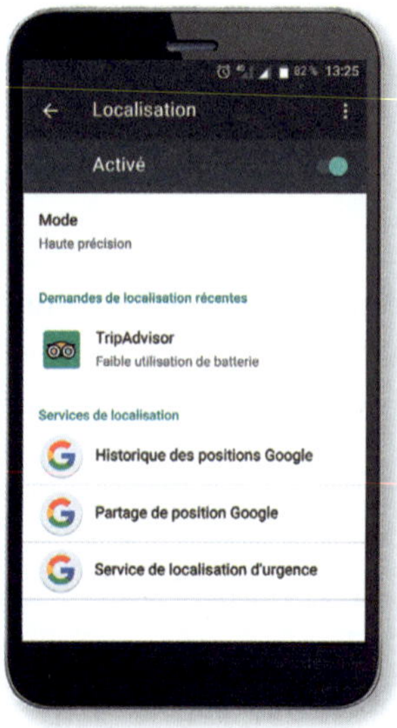

Les différentes applications de smartphone peuvent être configurées indépendamment, afin de laisser accès ou non aux données de géolocalisation.

Les définitions à connaître

- La **géolocalisation** consiste à déterminer la position d'un objet ou d'une personne sur une carte.
- Un **méridien** est un cercle imaginaire tracé à la surface de la Terre et passant par les deux pôles.
- Un **parallèle** est un cercle imaginaire tracé à la surface de la Terre, parallèlement à l'équateur.
- La position d'un objet à la surface de la Terre est repérée par ses **coordonnées** : sa latitude et sa longitude.
- La **latitude** est l'angle qui repère un objet sur un parallèle au nord (N) ou au sud (S) de l'équateur.
- La **longitude** est un angle qui repère un objet sur un méridien à l'est (E) ou à l'ouest (O) du méridien de Greenwich, qui passe par Londres.
- L'**altitude** correspond à l'élévation au-dessus d'un niveau de référence (par exemple le niveau de la mer).
- Une **trame** est un bloc d'informations qu'échangent des systèmes informatiques.
- Le **droit à la vie privée**, qui fait partie des droits des individus, est une protection qui s'applique usuellement à la vie privée, personnelle et familiale, à la santé, au lieu de résidence et au droit à l'image.

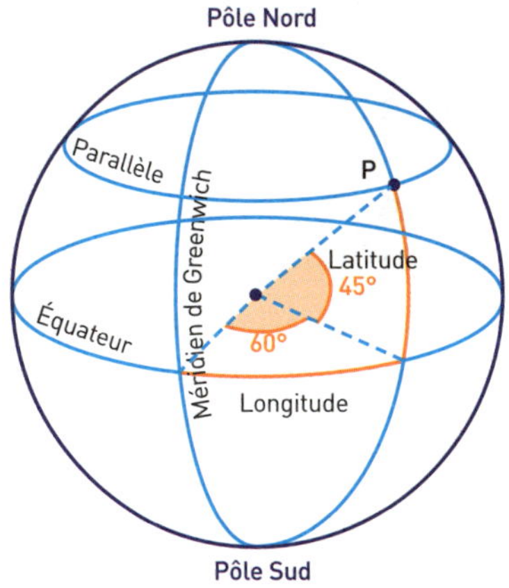

Le point P est situé à 45° de latitude Nord et 60° de longitude Est.

Carte mentale

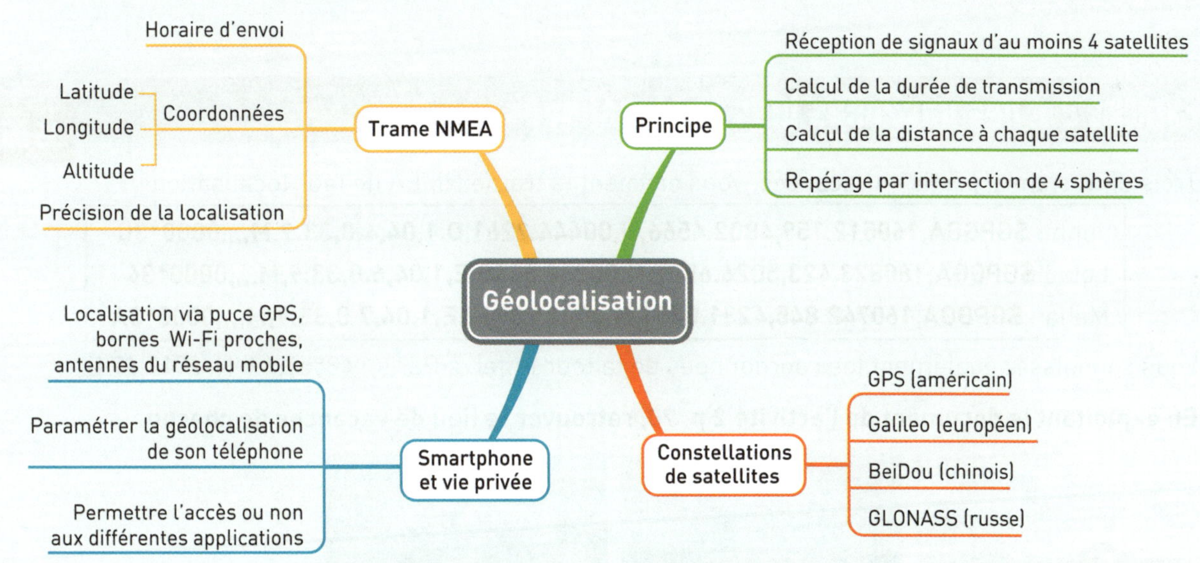

Ce qu'il faut retenir

Je dois être capable de :

- ☐ décrire le principe de fonctionnement de la géolocalisation.
- ☐ décoder une trame NMEA pour trouver des coordonnées géographiques (latitude et longitude).
- ☐ régler les paramètres de confidentialité d'un téléphone pour partager ou non sa position.

EXERCICE 1 / Relativité et principe de la géolocalisation

15 min

On a coutume de dire que la théorie de la relativité d'Albert Einstein doit être prise en compte pour assurer le bon fonctionnement de nos systèmes de géolocalisation par satellite. En effet, les satellites embarquent des horloges atomiques extrêmement précises, mais la durée qui s'écoule entre deux événements distincts n'est pas la même que pour un observateur terrestre... Vérifions l'effet sur la précision du système de géolocalisation.

1. Quel appareil mesure l'heure de réception de l'onde émise par les satellites ?

....

2. Comment le récepteur détermine-t-il ensuite sa position ?

....

....

....

....

....

À cause de la vitesse des satellites et des effets de la gravité, on calcule que les horloges embarquées dans les satellites « avancent » de 38 microsecondes par jour par rapport à nos horloges terrestres.
Les ondes électromagnétiques se déplacent à la vitesse de la lumière, soit environ 300 000 km/s.

3. À l'aide d'un calcul, expliquer pourquoi il est nécessaire de prendre en compte cet écart pour bien se géolocaliser.

....

....

....

....

....

....

EXERCICE 2 / Des vacances bien géolocalisées

15 min

Trois de vos amis, partis en vacances, vous envoient la trame NMEA de leur localisation.

John : **$GPGGA,160512.159,4802.4566,N,00444.2261,O,1,04,4.0,33.9,M,,,,0000*3C**
Lola : **$GPGGA,160823.423,5026.6535,N,00246.8160,E,1,04,6.0,33.9,M,,,,0000*34**
Malia : **$GPGGA,160742.845,4231.0951,N,00227.3962,E,1,04,7.0,33.9,M,,,,0000*3A**

Vous connaissez également les coordonnées de la tour Eiffel, à Paris : 48°51,49' N, 2°17,67'E.

En exploitant le document de l'activité 2 p. 70, retrouver le lieu de vacances de chacun.

Terril près de Lens

Pointe du Raz, près de Brest

Pic du Canigou, Pyrénées

John

Lola

Malia

EXERCICE 3 / Trouver un intrus par trilatération

20 min

Une unité de robots (A, B et C) est chargée d'assurer la sécurité d'un important complexe industriel. Les robots ont été alertés de l'intrusion d'une équipe de malfrats. L'un des intrus émet à chaque minute une onde radio permettant à ses acolytes de se coordonner. Ce signal est détecté par les robots avec différents retards, reportés dans le tableau ci-contre.
La vitesse des ondes radio est de 300 m/µs.
Sur la carte, 1 cm représente 100 m en réalité.

	Retard (en µs)	Distance (en m)	Distance sur le plan (en cm)
A	2,9	....	....
B	1,8	....	....
C	2,4	....	....

1. **En s'aidant du tableau ci-dessus, repérer le point sur la carte où les robots vont converger.**

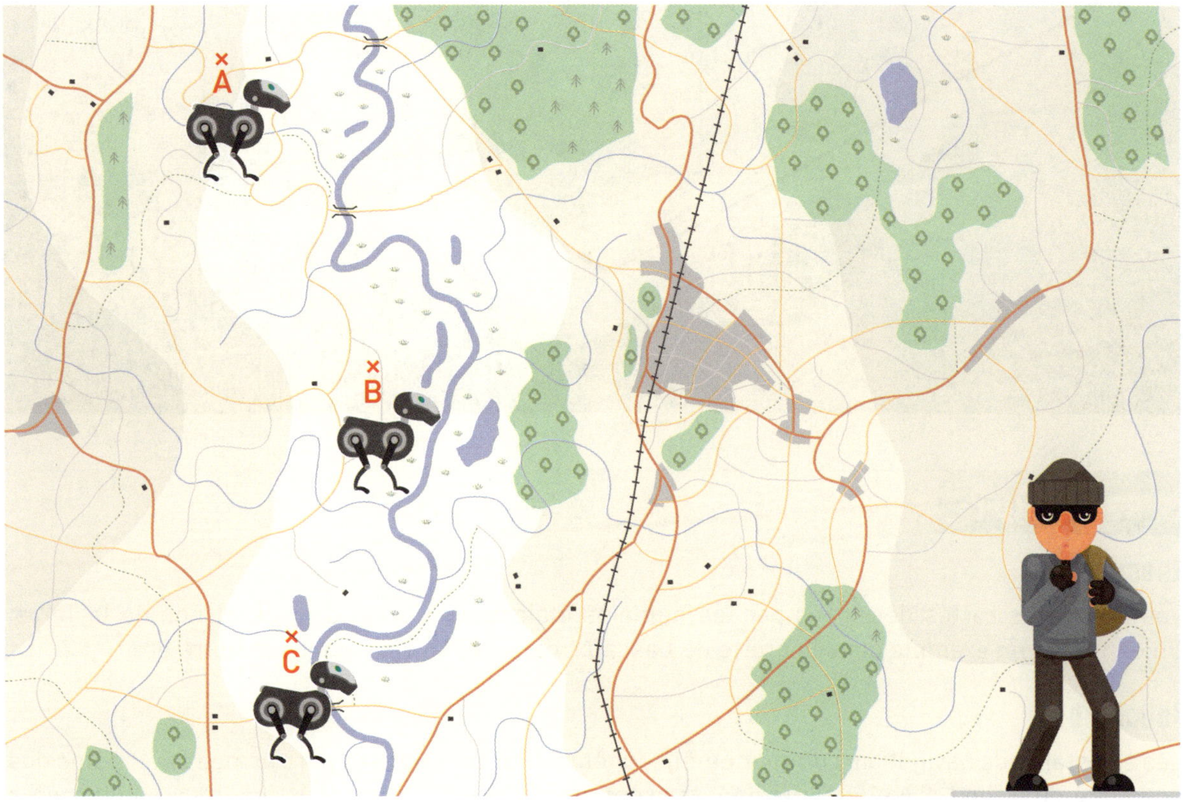

2. **Sur les lieux, les robots trouvent un smartphone abandonné par un des voleurs.**
Un enquêteur venu sur place consulte les paramètres du téléphone, puis se frotte les mains :
« Je crois savoir où est leur planque ! »
Proposer une explication.

....

....

....

Travailler en autonomie

Je révise pour l'évaluation

Aller sur lycee.editions-bordas.fr/cahier-SNT pour accéder à des QCM d'auto-évaluation.

SÉQUENCE 10

La cartographie dans notre quotidien

Le savais-tu ?

Anecdote 1

Les premières cartes dessinées par les humains étaient des cartes du ciel, et non de la Terre. On en trouve un exemple dans la grotte de Lascaux, datée de 16 500 ans avant notre ère.

Anecdote 2

Les assistants de navigation, communément appelés GPS, sont utilisés par l'armée américaine dès la guerre du Golfe (1990-1991). Ils apparaissent alors naturellement dans des œuvres littéraires réalistes et de fiction. Cependant, dès 1964, dans un film de James Bond, ce dernier traquait Goldfinger grâce à une carte affichée sur un écran à l'intérieur de sa voiture…

Repères historiques

1989
Commercialisation du Magellan NAV 1000, le premier GPS portatif.

2004
Le Tomtom GO est le premier assistant de navigation grand public.

Années 2010
Apparition des applications de navigation GPS sur smartphone.

2013
Rachat par Google de Waze, une application de navigation GPS « participative » prenant en compte trafic et incidents en temps réel.

Activité 1 / Représenter des informations sur des cartes

30 min

Lucie, pilote de ligne, envisage la construction de sa maison sur la parcelle n° 68 de la commune de Beauvais, dans l'Oise, qui jouxte la rue du Thoret. La proximité de l'aéroport, bien que pratique pour se rendre à son travail, l'inquiète : le bruit des avions sera-t-il gênant ?

Pour répondre à ce type d'interrogations, le site geoportail.gouv.fr met à la disposition de tous de nombreuses informations, représentées sur des cartes. Ce site a l'avantage d'être complet et régulièrement mis à jour, contrairement à des cartes au format papier.

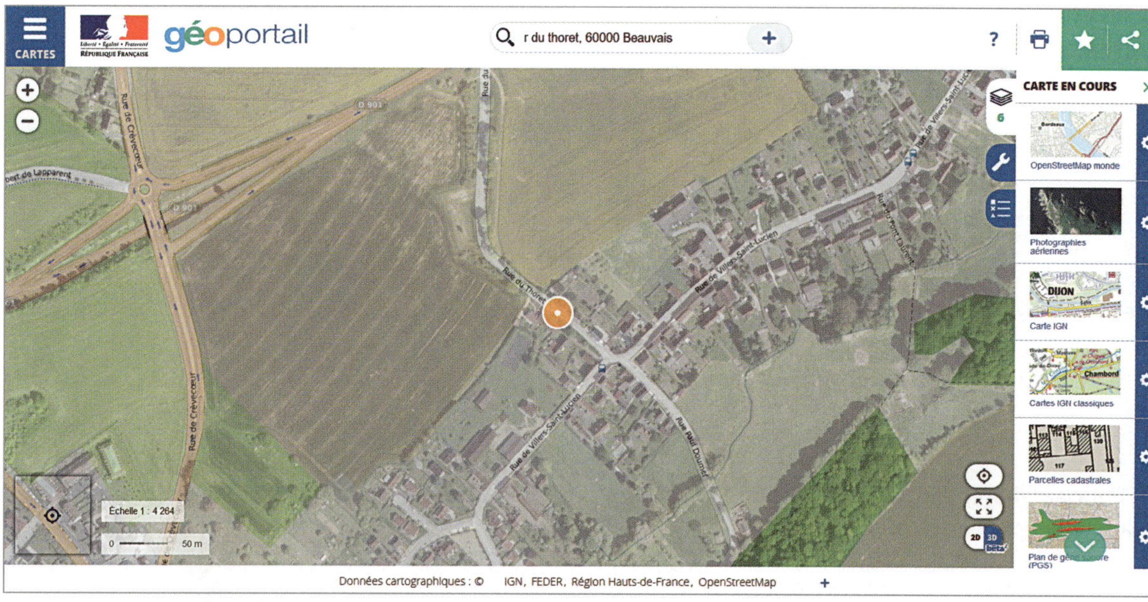

1. **Se rendre sur la page d'accueil de Géoportail et visualiser la rue du futur terrain de Lucie.**

2. a. **Pour localiser la parcelle, vous aurez besoin des informations du cadastre de la ville de Beauvais. Afficher ces informations puis localiser la parcelle 68.**

b. **Faire apparaître le plan de gêne sonore, et dézoomer afin de voir la zone concernée autour de l'aéroport. Les craintes de Lucie quant au bruit sont-elles fondées ?**

....

....

3. **Lucie s'interroge désormais sur les risques sismiques. Afficher des cartes liées à ce risque et conclure.**

....

....

....

4. **Lucie adore piloter son drone pour se détendre. Aura-t-elle le droit de le faire voler au-dessus de son terrain ? Choisir une carte et répondre à la question.**

....

....

....

....

....

Coups de pouce

- **Visualiser les informations du cadastre :** cliquer sur « + DE DONNÉES », puis, à gauche, sur

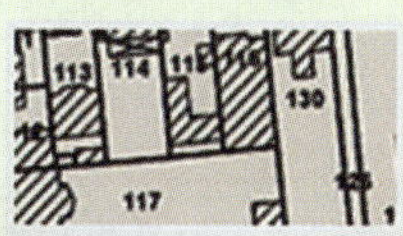

Parcelles cadastrales

- **Faire apparaître le plan de gêne sonore :** dans « CARTES », choisir « Territoire et transport » et enfin, dans « Foncier, cadastre et urbanisme », cliquer sur

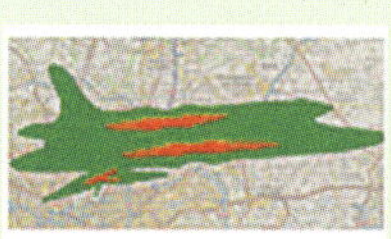

Plan de gêne sonore (PGS)

- **Masquer les cartes inutiles :** cliquer sur ⚙ puis 👁.

- **Afficher les risques sismiques :** dans « CARTES », choisir « Développement durable, Énergie » et enfin « Risques ».

Activité 2 / Contribuer à OpenStreetMap

60 min

OpenStreetMap (OSM) est un projet libre, gratuit et participatif mettant à disposition de chacun des ressources regroupées sous forme de cartes. Ce projet permet également de préparer des trajets.

1. Ouvrir le site openstreetmap.org et rechercher votre domicile avec son adresse.

2. À l'aide de l'icône, demander le calcul d'un itinéraire jusqu'à votre lycée par un moyen de locomotion (à pied, à vélo ou en voiture) pour lequel vous connaissez le temps de trajet approximatif. Le temps de trajet calculé vous semble-t-il réaliste ?

OpenStreetMap est une base de données cartographique contributive. Cela signifie que tout utilisateur a la possibilité, en complément de la libre utilisation des cartes dans le cadre de la licence, de contribuer activement à leur enrichissement.

Contribuer à un projet participatif !

1. Pour améliorer une carte OSM centrée sur votre domicile, aller sur le site fieldpapers.org.
Cliquer sur « créer votre atlas ». Zoomer au maximum sur la carte puis saisir votre adresse personnelle et enfin télécharger le fichier au format PDF et l'imprimer. Cette manipulation peut prendre du temps.

2. Parcourir votre quartier et annoter la carte papier d'éléments manquants. Choisir un seul type d'éléments ; par exemple les bancs, les arbres, les conteneurs pour le tri sélectif, les espaces pour chiens, les panneaux publicitaires, les défibrillateurs, les boîtes aux lettres avec leurs heures de collecte, les murs peints, les sculptures, les stèles, les skateparks, les musées…

3. De retour en classe, rendez-vous sur le site mapcontrib.xyz et cherchez le type d'élément que vous choisissez d'ajouter dans la zone de recherche.
À l'aide de l'identifiant et du mot de passe donnés par votre professeur, modifiez les cartes concernées à l'aide des informations notées sur votre carte.
Attention : ces informations sont importantes pour les utilisateurs de la base de données, et la précision et le sérieux dont vous faites preuve est un gage de la qualité des cartes et des utilisations qui en seront faites.

Exemple de carte Mapcontrib : les bornes incendie à Paris.

3. Expliquer pourquoi la qualité des contributions est cruciale, en donnant plusieurs exemples de conséquences potentielles.

Activité 3 / Représenter des distances pour choisir son trajet

30 min

On a reproduit ci-dessous un tableau fourni avec une carte routière du XXe siècle ; il donne les longueurs des trajets routiers pour rallier une ville à une autre.

km	Amiens	Angers	Biarritz	Bordeaux	Brest	Calais	Cherbourg
Amiens		369	862	679	619	159	366
Angers	369		518	335	371	494	290
Biarritz	862	518		183	817	997	808
Bordeaux	679	335	183		634	814	625
Brest	619	371	817	634		714	402
Calais	159	494	997	814	714		461
Cherbourg	366	290	808	625	402	461	

1. Quelle propriété possède un tel tableau ? Expliquer.

On veut trouver le trajet le plus court entre Calais et Biarritz. Le tableau indique qu'il existe un trajet de 997 km.

2. À partir du tableau, proposer un voyage en trois étapes de Calais à Biarritz, et déterminer la distance à parcourir.

Un tel tableau est difficile à appréhender par l'humain. Les applications du type Waze et Google Maps utilisent plutôt des graphes afin de modéliser les données. En parcourant le graphe, des algorithmes calculent alors le meilleur itinéraire en fonction de divers critères.

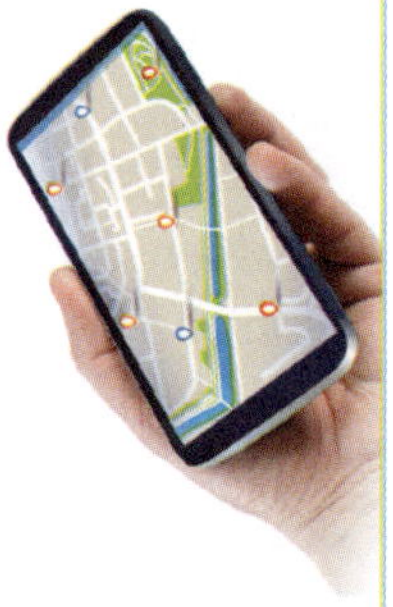

Chaque sommet du graphe ci-dessous représente une ville ; les villes sont reliées deux à deux par des arêtes pondérées par la distance qui les sépare.

3. Compléter le graphe avec les données du tableau.

4. A-t-on supprimé la redondance d'informations qui a été soulignée à la question 1 ?

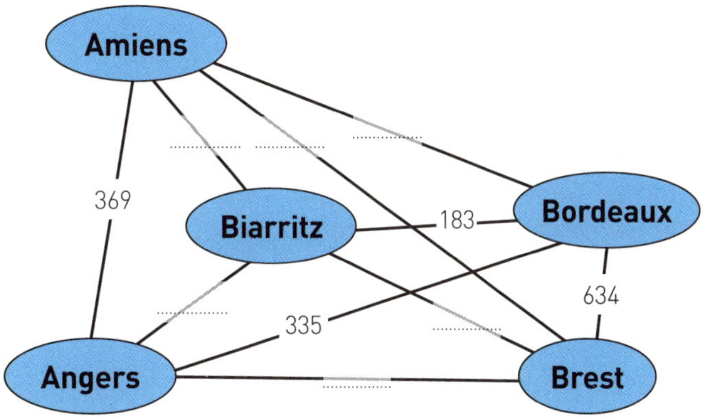

5. La ville de Dijon est à 417 km d'Amiens et à 632 km de Bordeaux. Compléter le graphe afin de faire apparaître ces informations.

6. D'après les informations dont vous disposez, quel serait le chemin le plus court pour aller de Dijon à Biarritz ?

7. Vous souhaitez vous rendre de Dijon à Angers. Quel est votre parcours ?

8. À votre avis, quelles différences majeures y a-t-il entre le graphe de la question 3 et celui utilisé par les applications du type Google Maps ?

L'essentiel du cours

Les cartes numériques

Les **cartes numériques** rassemblent toutes les échelles et montrent différents aspects d'une même région : informations topographiques, géologiques et administratives, transports, activité touristique, etc.
Aujourd'hui, l'élaboration des cartes se fait grâce à des satellites, des avions, des drones ou des véhicules. La collecte des données est un enjeu majeur.

Les cartes numériques comportent différentes couches thématiques. La cartographie est essentielle dans de nombreux secteurs : agriculture, urbanisme, transports, loisirs, etc.

Les projets participatifs

Certaines cartes sont en **libre accès** et proposent une collecte des données participative, comme le projet mondial **OpenStreetMap**, qui a pour objectif de cartographier la terre entière grâce aux contributions de ses utilisateurs.
Les informations sont disponibles pour tous et libres d'être exploitées, y compris dans un but commercial.

Deux cartes à deux échelles différentes : les détails des habitations apparaissent à droite ; la voie ferrée a la même largeur dans les deux cas.

L'affichage des cartes

L'affichage d'une carte numérique est paramétré par les informations à montrer, que l'on peut choisir par simples clics.
Les algorithmes d'affichage proposent un compromis entre lisibilité et quantité d'informations affichées, et s'adaptent aux changements d'**échelle**.

Le calcul d'itinéraire

Les applications comme Waze et les sites comme Géoportail exploitent des algorithmes de **calcul d'itinéraire** qui parcourent des graphes pour sélectionner les meilleurs trajets possibles.
S'ils disposent de suffisamment de données, ces algorithmes sont capables de donner le trajet optimal en fonction de différents critères : mode de transport, coût, durée, distance, etc.

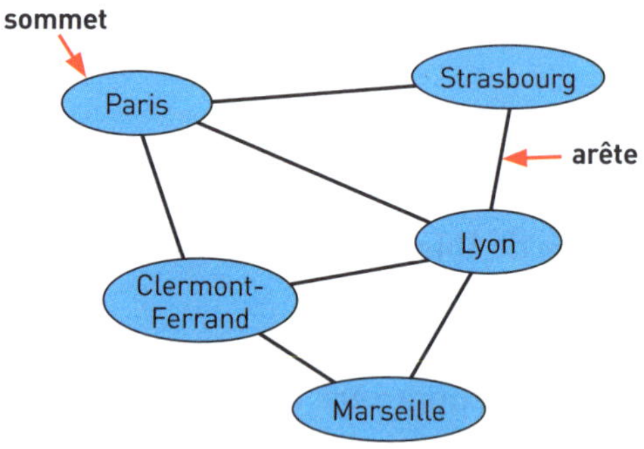

Graphe représentant les routes entre quelques villes françaises.

Leur exploitation au quotidien

Les cartes numériques, facilement accessibles depuis un smartphone, remplacent progressivement les cartes papier.
Couplé aux algorithmes de calculs d'itinéraires, le GPS est utilisé pour les transports, la randonnée, la navigation à voile, etc.
La fiabilité des cartes est primordiale. Si une donnée est erronée, les trajets proposés risquent de mettre en danger les utilisateurs, par exemple en les poussant à s'engager sur une route non carrossable ou dans un sens interdit.

La création et le maintien à jour des cartes numériques exige beaucoup de ressources.

Les définitions à connaître

• Une **carte numérique** est constituée de la superposition de différentes couches d'informations choisies en fonction des besoins de l'utilisateur.
• L'**échelle** d'une carte est le rapport entre une distance sur la carte et la même distance dans la réalité. Plus ce nombre est petit, et plus un espace sur la carte représente une grande distance dans la réalité.
Exemple : une carte sur laquelle 1 cm représente 100 m a pour échelle $\frac{10^{-2}}{10^{2}} = \frac{1}{10^{4}}$ soit 1/10 000.
• Un **graphe**, pour la cartographie, correspond à la représentation de lieux qui constituent les sommets du graphe, et qui sont reliés par des arêtes pondérées par un paramètre tel que la distance, le temps de parcours, le coût, l'agrément…
• Un **site web** ou une **base de données participatifs** permettent à chacun de le modifier. **Contribuer** à un projet participatif, c'est l'enrichir ou le mettre à jour.
• **OpenStreetMap** est une base de données cartographique sous licence libre, mondiale et participative.

Carte mentale

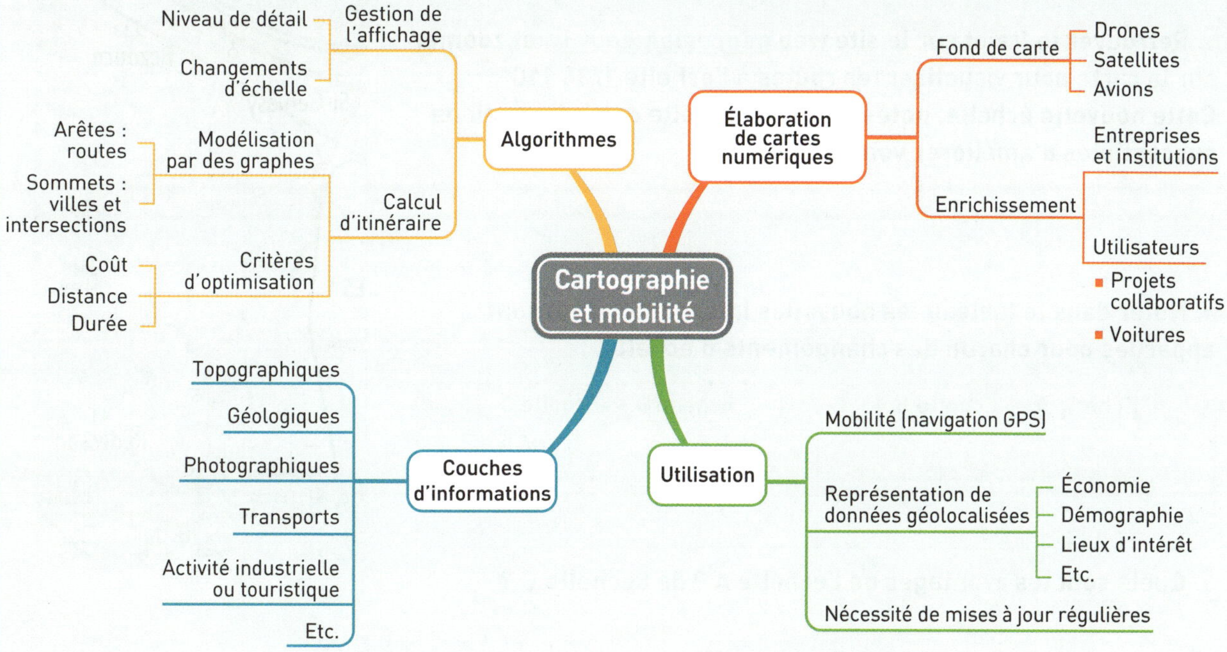

Ce qu'il faut retenir

Je dois être capable de :

- ☐ identifier les différentes couches d'information de Géoportail pour extraire différents types de données
- ☐ contribuer à OpenStreetMap de façon collaborative
- ☐ utiliser un logiciel pour calculer un itinéraire
- ☐ représenter un calcul d'itinéraire comme un problème sur un graphe

Exercice 1 / Prévoir un trajet en sélectionnant les informations pertinentes

30 min

Vous souhaitez vous rendre de Redessan à Bezouce à vélo.
Vous disposez de la carte à l'échelle A ci-dessous, obtenue sur le site Géoportail.

1. Vous souhaitez faire le trajet le plus court possible.
Repasser votre itinéraire en couleur sur la carte à l'échelle A.

2. Mesurer et calculer la distance à parcourir en utilisant l'échelle.
Vérifier votre choix précédent.

....

....

....

Échelle A

Un zoom vous permet d'obtenir la carte à l'échelle B, reproduite ci-contre.

3. Repasser en couleur votre nouveau trajet sur la carte.

4. Quelle est la nouvelle distance de votre trajet ?

....

....

5. Retrouver le trajet sur le site web geoportail.gouv.fr, et zoomer sur la carte pour visualiser les routes à l'échelle 1/34 110ᵉ. Cette nouvelle échelle, notée C, apporte-t-elle des informations susceptibles d'améliorer votre trajet ?

....

....

6. Noter dans le tableau les nouvelles informations qui sont apparues pour chacun des changements d'échelle.

Échelle A → Échelle B	Échelle B → Échelle C
....	....
....	....

Échelle B

7. Quels sont les avantages de l'échelle A ? de l'échelle C ?

....

....

8. Quel est l'échelle pertinente pour le choix de votre trajet en vélo ? Même question pour le repérage lors de votre trajet à vélo.

....

....

9. Le niveau de zoom le plus détaillé est-il toujours nécessaire ? Expliquer pourquoi on ne l'utilise pas systématiquement.

....

....

....

Exercice 2 / Calculer un itinéraire... et critiquer le résultat

20 min

Afin de préparer une randonnée, Axel consulte le site OpenStreetMap. Il souhaite rallier Valleraugue (dans le Gard) au mont Aigoual.

1. Déterminer son itinéraire par les méthodes OSRM et GraphHopper, et relever les distances et les durées :

Méthode	Durée	Distance
OSRM	....	....
GraphHopper	....	....

Axel poursuit sa recherche et trouve, sur le site de la commune de Val-d'Aigoual, la reproduction du panneau ci-contre.

2. Quelle méthode n'a pas fourni la distance attendue ? Proposer une explication.

....

....

....

3. Un randonneur met entre 2 h 30 et 3 h pour effectuer le trajet envisagé. Expliquer l'erreur d'estimation commise par la méthode donnant le bon itinéraire.

....

....

....

....

Exercice 3 / Graphes et algorithmes

20 min

1. Combien les graphes suivants comptent-ils d'arêtes ? Combien de sommets ?

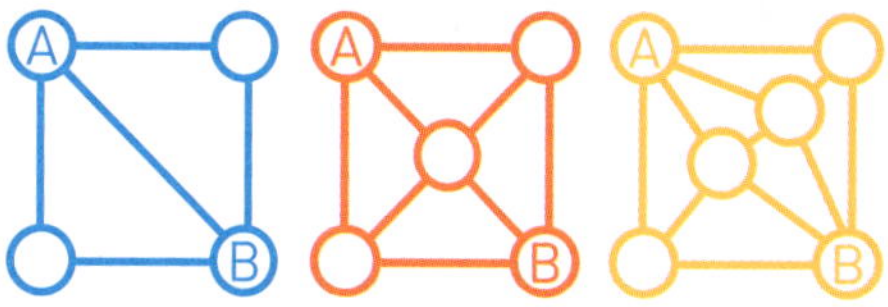

....

2. Lors du calcul d'un trajet avec un GPS, que représentent les arêtes ? Même question pour les sommets.

....

3. Sur chacun des graphes précédents, combien existe-t-il de chemins pour aller de A à B ?

....

4. D'après ce que vous venez de voir, si une application de gestion de trajets catalogue 100 000 intersections, de quel ordre sera le nombre de chemins entre deux points ?

☐ 100 000 ☐ 1 000 000 ☐ Plus que des milliards de milliards.

5. Pensez-vous que les algorithmes implémentés dans les applications de calcul d'itinéraire testent tous ces chemins ?

....

....

Travailler en autonomie

Je révise pour l'évaluation

Aller sur lycee.editions-bordas.fr/cahier-SNT pour accéder à des QCM d'auto-évaluation.

SÉQUENCE 11

À la découverte de l'informatique embarquée

Le savais-tu ?

Anecdote 1

On estime à 50 milliards le nombre d'objets connectés en 2020. Depuis 2009, ces derniers sont plus nombreux que la population mondiale, qui est aujourd'hui de 7,7 milliards d'individus !

Anecdote 2

En 2025, 175 zettaoctets (soit 175 000 milliards de gigaoctets) de données devraient être générées sur Internet à l'échelle de la planète. Sur ce volume, 90 zettaoctets seront échangés par des objets connectés. Près de 30 % des données mondiales devront être traitées en temps réel.

Repères historiques

1967
Premier système embarqué de guidage lors de la mission lunaire *Apollo*.

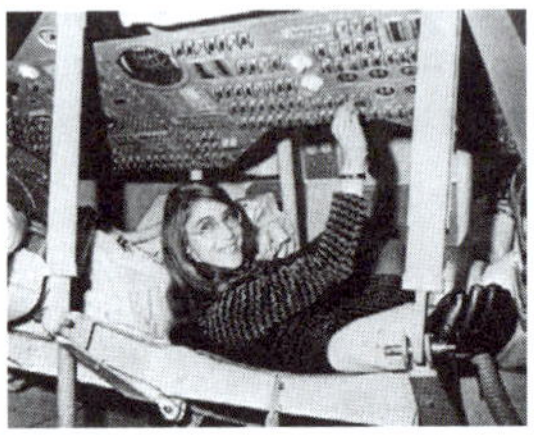

1971
Premier microprocesseur, commercialisé par Intel. Il mesure 3,81 mm de long sur 2,79 mm de large.

1998
Mise en service, à Paris, du premier métro informatisé sans conducteur.

2007
Arrivée du *smartphone*. Apple lance la première génération d'iPhone ; les autres fabricants lui emboîtent le pas.

Activité 1 / Assistance au pédalage d'un vélo électrique

30 min

Le vélo à assistance électrique (VAE) est un vélo classique qui dispose d'une assistance au pédalage. Un moteur électrique, placé au niveau du pédalier ou au centre d'une roue, soulage le cycliste en prenant en charge une partie de l'effort à fournir. Pour obtenir une certification, tout modèle de VAE doit satisfaire les conditions suivantes :
- arrêt du moteur dès que le cycliste arrête de pédaler ou freine ;
- arrêt du moteur lorsque la vitesse atteint ou dépasse 25 km/h ;
- puissance de la motorisation inférieure ou égale à 250 W.

Le VAE embarque donc différents capteurs qui collectent des informations sur le vélo, et un microcontrôleur qui pilote le moteur.

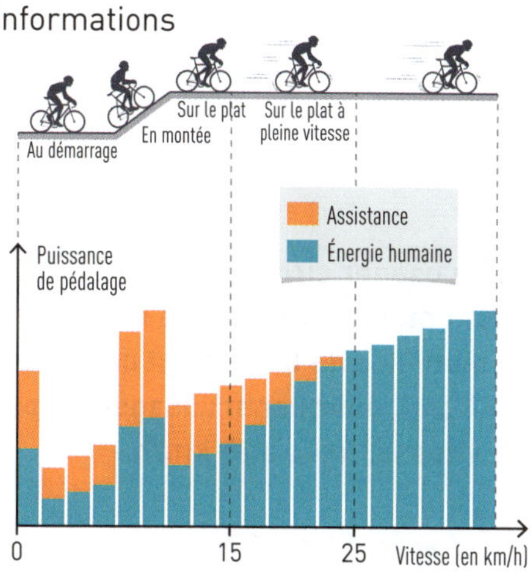

1. Dans quelle(s) condition(s) l'assistance au pédalage est-elle enclenchée ?

....

....

....

2. À partir du document ci-contre, indiquer les deux cas pour lesquels l'assistance électrique est fortement sollicitée.

....

....

3. a. Cocher les grandeurs qu'il vous paraît nécessaire de mesurer ou de calculer à l'aide de capteurs.

☐ Température ☐ Vitesse ☐ Effort sur le pédalier ☐ Freinage ☐ Pression
☐ Rotation du pédalier ☐ Luminosité ☐ Position GPS ☐ Accélération

b. Est-il nécessaire d'effectuer ces mesures en temps réel ?

....

....

....

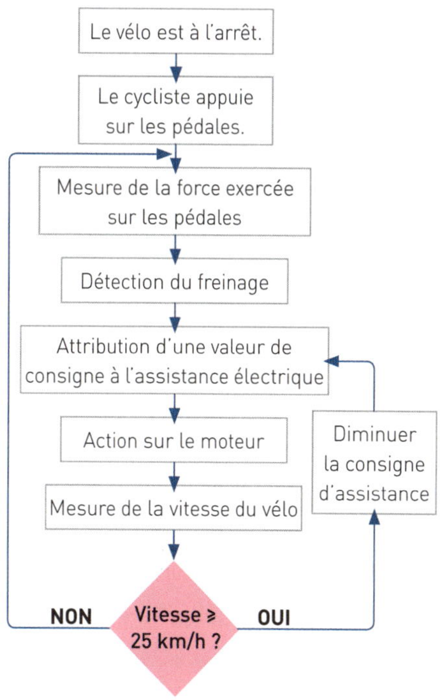

L'algorithme représenté ci-contre est un algorithme de contrôle du système embarqué. Il montre l'enchaînement des opérations effectuées par le microcontrôleur en fonction des événements et des données fournies par les capteurs.

4. Que se passe-t-il si le cycliste arrête de pédaler ?

....

....

....

....

5. Que se passe-t-il si le cycliste continue d'appuyer fortement sur les pédales et que la vitesse du vélo dépasse les 25 km/h ?

....

....

....

Activité 2 / Informatique embarquée dans une trottinette connectée

30 min

Depuis 2017, la trottinette électrique en libre-service conquiert les grandes villes. Moyennant une inscription préalable au service, l'usager peut consulter la position des trottinettes disponibles sur son smartphone, puis en louer une pour effectuer une course. La trottinette est un objet *connecté* à Internet : le système informatique embarqué gère le comportement de l'engin, tout en transmettant des informations à l'opérateur de la flotte ainsi qu'à l'usager.
Le document ci-contre présente deux capteurs embarqués dans la trottinette.

1. Pourquoi le module GPS n'est-il pas adapté pour déterminer la vitesse instantanée de la trottinette ?

2. Un usager circule à trottinette. Le capteur sur la roue avant mesure 4 rotations par seconde. Sachant que le diamètre de la roue est de 10 pouces (1 pouce mesure 2,54 cm), indiquer si l'usager respecte la limitation de vitesse, fixée à 25 km/h.

La géolocalisation

Un module GPS intégré fournit la position à 10 m près. L'actualisation des données se fait une fois par seconde.

La mesure de la rotation

Lorsque la trottinette est en mouvement, un procédé de détection magnétique assure le décompte de chaque tour de roue. Un aimant est fixé sur la roue tandis qu'un détecteur de champ magnétique est fixé sur le cadre. Les impulsions créées par le passage de l'aimant devant le détecteur sont comptabilisées pour donner l'information de vitesse.

Le capteur de champ magnétique. Il mesure quelques millimètres.

Le moteur à courant continu de la trottinette est alimenté par une tension en créneaux (voir figure ci-dessous). La forme de ces créneaux est réglée en temps réel par le microcontrôleur.

3. Comment l'algorithme du microcontrôleur peut-il gérer les évènements suivants ?

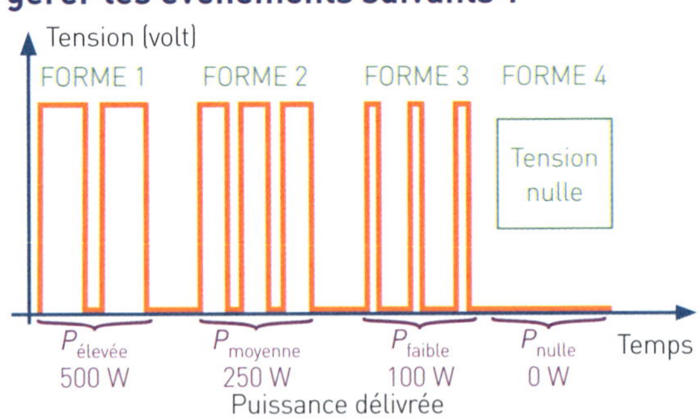

(A) Surchauffe du moteur :

(B) Intensité du courant trop élevée dans le circuit moteur :

(C) Vitesse supérieure à 25 km/h :

(D) Action sur le frein manuel :

(E) Accélérateur sollicité et aucun des événements (A) (B) (C) (D) détecté :

4. La trottinette étant un objet connecté, quelles informations peuvent être recueillies par l'opérateur de la flotte pour gérer le parc de trottinettes ?

Activité 3 / Le formidable essor des objets connectés

30 min

Un nombre croissant d'objets du quotidien sont connectés en permanence au Web : une montre qui surveille le rythme cardiaque et le nombre de pas, un réfrigérateur « intelligent » qui commande des courses, un assistant personnel virtuel qui réagit aux commandes vocales, etc.

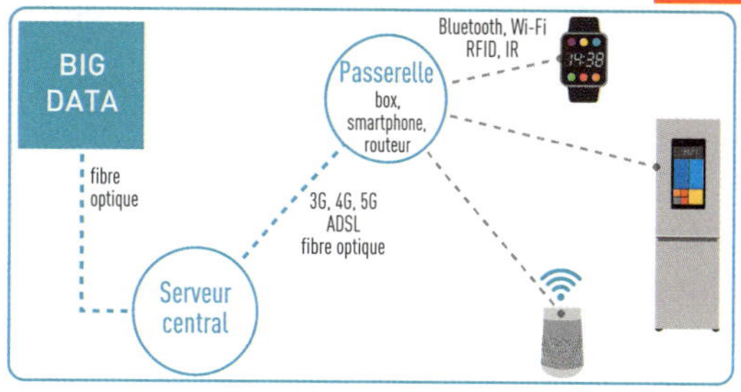

Ces **objets connectés** créent une masse incroyable de données, surnommée « **big data** » : positions GPS, messages et vidéos postés, relevés météo... Ces données sont stockées sur des supports variés (DVD, disque dur, centre de données, stockage en ligne, etc.). Elles représentent une véritable manne pour les prestataires de service, mais elles sont très complexes à analyser.

1. À quel dispositif est connecté ce type d'objets ?

....

2. Renseigner le mode de connexion (filaire ou hertzienne) pour les liaisons suivantes :

Objet connecté <----> Passerelle : ....

Serveur central <----> Passerelle : ....

Big data <----> Serveur central : ....

3. Comment fournir à l'objet connecté l'énergie nécessaire à son fonctionnement ?

....

....

....

4. Andréa installe une caméra Wi-Fi chez elle pour être immédiatement alertée en cas d'intrusion. Justifier que cette caméra est bien un objet connecté.

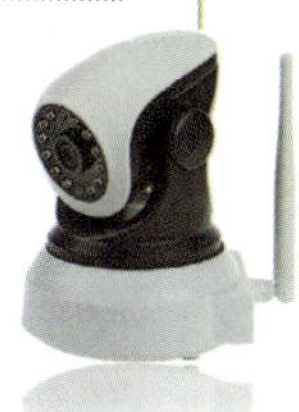

....

....

....

....

5. Andréa accède au menu de paramétrage de son routeur Wi-Fi. Expliquer comment l'objet connecté est identifié de manière unique sur son réseau domestique.

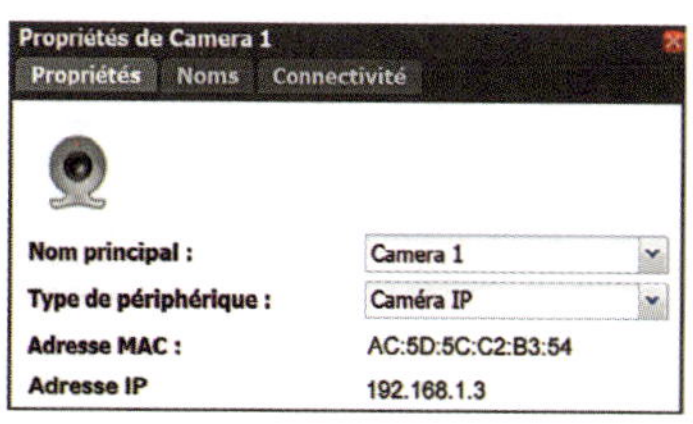

....

....

....

....

6. Imaginer un comportement programmé que pourrait avoir la caméra lorsqu'elle détecte un mouvement dans son champ de vision.

....

....

7. Pourquoi est-il important de sécuriser la caméra à l'aide d'un mot de passe robuste ?

....

....

L'essentiel du cours

Informatique embarquée et objets connectés

L'**informatique embarquée** désigne l'ensemble des logiciels intégrés dans un équipement, et qui assurent son fonctionnement. Récemment, de nombreux systèmes embarqués ont été dotés d'une connexion Internet pour devenir des « **objets connectés** ». Ces derniers génèrent un volume de données numériques (*data*) toujours plus important.

Les voitures autonomes combineront des systèmes embarqués pour leur fonctionnement et la navigation, ainsi que de l'intelligence artificielle pour l'analyse en temps réel de l'environnement.

Algorithmes de comportement

Le comportement d'un système informatique embarqué est régi par des **algorithmes de contrôle**, c'est-à-dire par une suite d'actions et d'opérations prédéfinies pour résoudre un problème donné.

Ces algorithmes sont exécutés par un **microcontrôleur**, un mini-ordinateur capable d'effectuer des calculs de manière autonome.

Le microcontrôleur traite les informations délivrées par différents **capteurs** qui le renseignent sur l'état de l'équipement et sur son environnement. Le système agit sur le monde physique grâce à des **actionneurs** pilotés par le microcontrôleur.

Cette carte micro:bit est un microcontrôleur possédant 20 entrées/sorties paramétrables. L'algorithme de contrôle est téléversé dans sa mémoire.

Les qualités d'un système embarqué

Par une simple mise à jour du programme embarqué, le système peut se doter de nouvelles fonctionnalités, améliorer son comportement ou corriger des bugs, sans changer de matériel.

Un système bien conçu doit entre autres :
- être robuste et fiable,
- fonctionner en temps réel de manière autonome,
- être peu onéreux et économiser l'énergie,
- ne pas être trop gourmand en ressources physiques, comme le temps de calcul ou la mémoire vive.

Cet actionneur électrique fait monter et descendre la buse d'impression d'une imprimante 3D, en agissant sur une vis sans fin pouvant se déplacer verticalement.

Impact sur les pratiques humaines

Grâce aux systèmes informatiques embarqués, le fonctionnement de nombreux objets a été simplifié, tout en leur donnant plus de possibilités d'usage et en améliorant leur sûreté.

Ces systèmes sont parfois indispensables pour agir dans des domaines difficilement accessibles à l'Homme comme les zones radioactives ou l'espace.

Les objets connectés peu sécurisés peuvent être « hackés » à distance pour pénétrer sans autorisation dans un réseau informatique.

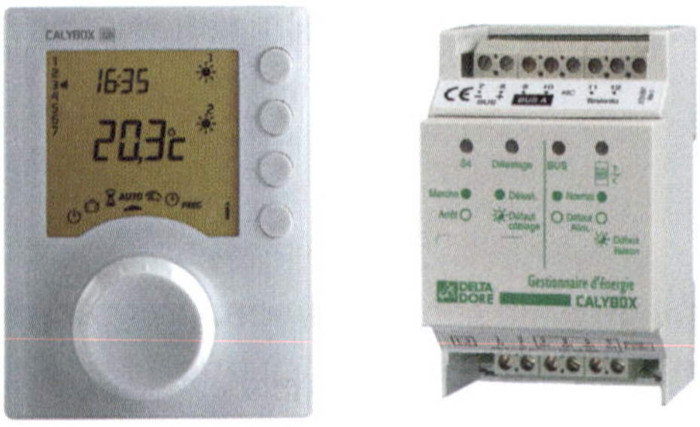

Ce gestionnaire d'énergie règle le chauffage d'une habitation en mode confort ou éco, avec une programmation journalière ou hebdomadaire. On fixe les températures de consigne sur le boîtier d'ambiance (à gauche). Des capteurs effectuent des mesures de température pièce par pièce et le boîtier technique (à droite) pilote des actionneurs qui allument ou coupent le chauffage.

Les définitions à connaître

- L'ensemble du matériel et des logiciels intégrés dans un équipement, et dédiés à la résolution des tâches spécifiques, constitue un **système informatique embarqué**. Il interagit avec son environnement via des capteurs et des actionneurs.
- Un **microcontrôleur** est un mini-ordinateur qui comprend un processeur, une mémoire et des ports d'entrée et de sortie. Il est très économe en énergie, mais ses capacités de calcul sont réduites.
- Un **capteur** est un dispositif qui mesure une grandeur physique comme la température, la pression, l'accélération, etc., et renvoie un signal exploitable par le microcontrôleur.
- Un **actionneur** est un dispositif capable d'agir dans le monde physique, piloté par un microcontrôleur.
- Les systèmes embarqués dotés de capacités de connexion à Internet s'appellent des **objets connectés**.
- L'**Internet des objets (en anglais *Internet of Things*, IoT)** désigne l'univers des objets connectés reliés à Internet. Son développement rapide est responsable d'un accroissement exponentiel du volume de données généré sur le réseau, à l'origine du *big data*.

Carte mentale

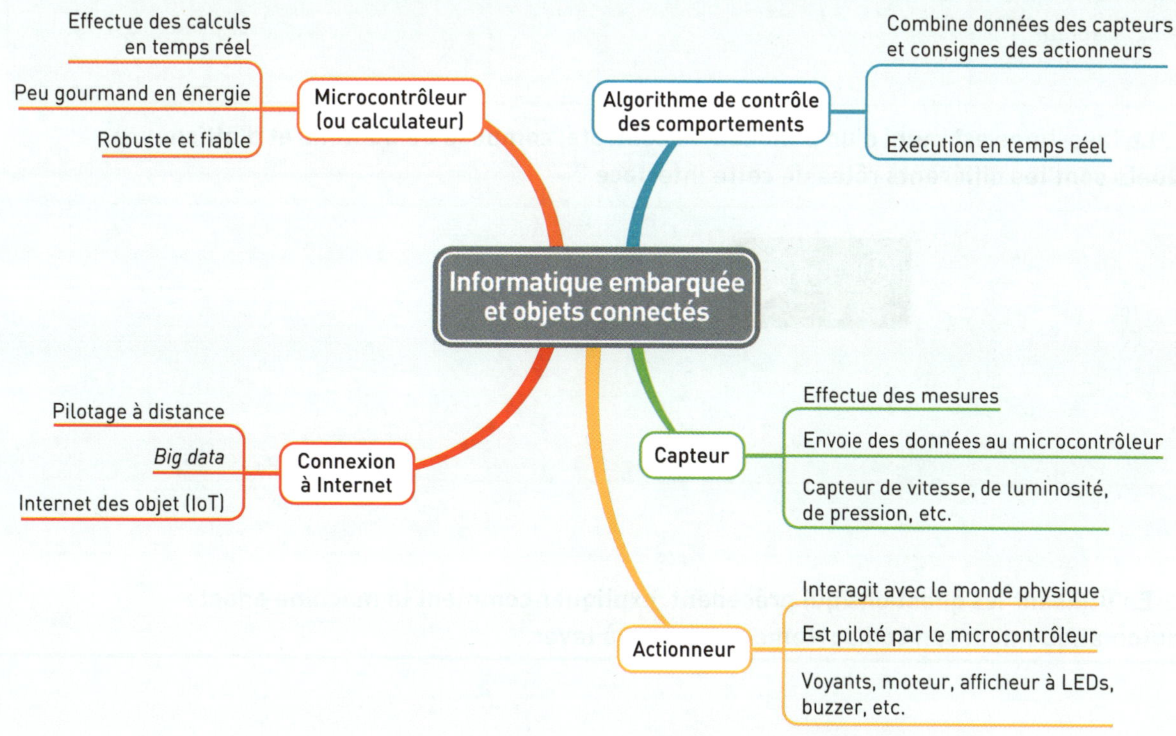

Ce qu'il faut retenir

Je dois être capable de :

- ☐ identifier un algorithme de contrôle ou de comportement dans un système embarqué
- ☐ différencier un capteur d'un actionneur
- ☐ citer quelques exemples de capteurs et d'actionneurs
- ☐ expliquer le rôle joué par un microcontrôleur dans un système embarqué

EXERCICE 1 / Mener l'enquête sur le lave-linge connecté !

25 min

Le lave-linge moderne est un concentré de technologie. En plus de laver le linge, il doit adapter la température de lavage, doser la quantité de lessive en fonction du poids du linge, être économe en énergie, rester silencieux… et même envoyer un *e-mail* à son propriétaire quand le programme est terminé !

1. Le tableau suivant liste quelques capteurs intégrés au lave-linge « intelligent ». Compléter le tableau en cherchant les réponses sur le Web si nécessaire.

Nom du capteur	Rôle joué dans le système embarqué	Intérêt écologique ou sécuritaire
Capteur de température	Mesure la température de l'eau en temps réel.	Adapter la température au type de linge en préservant les fibres.
Capteur de turbidité		
Capteur de charge		
Doseur de lessive automatique		
Capteur de niveau d'eau		

2. Le lave-linge est muni d'un panneau de contrôle, composé de boutons et d'afficheurs. Quels sont les différents rôles de cette interface ?

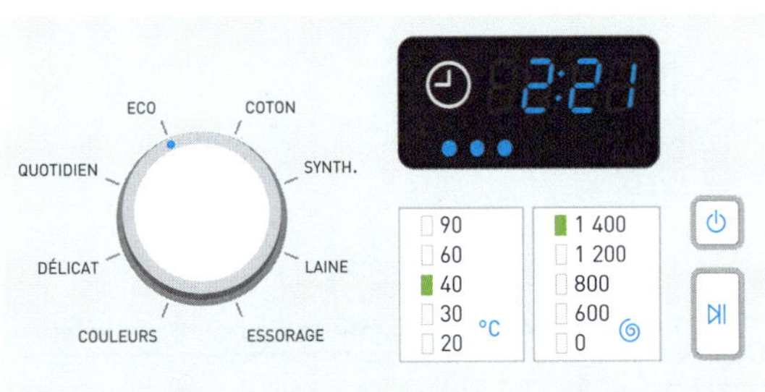

3. En utilisant les questions qui précèdent, expliquer comment la machine adapte automatiquement son comportement au linge à laver.

4. Quelles fonctionnalités peut offrir un lave-linge « connecté », et non un modèle standard ?

- ☐ gestion automatique du programme de lavage
- ☐ collecte de données de fonctionnement par le fabricant
- ☐ affichage des paramètres de lavage sur écran LCD
- ☐ envoi d'un *e-mail* lorsque la machine a fini de tourner
- ☐ diagnostic et dépannage à distance
- ☐ lancement d'une machine via smartphone
- ☐ option « départ différé »
- ☐ émission d'un son d'alerte en fin de lavage

Exercice 2 / Consommation d'un réseau d'objets connectés

20 min

Un réseau linéaire est composé de cinq capteurs sans fil, représentés chacun par une lettre sur la figure ci-contre.

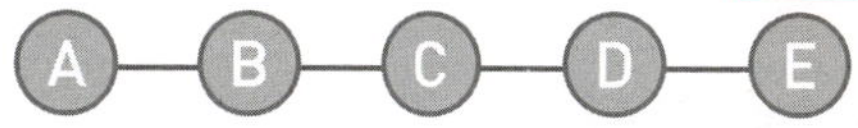

Chaque capteur est à 5 m de son voisin. Les capteurs communiquent entre eux, soit directement, soit en faisant transiter l'information de capteur en capteur (transmission pair-à-pair).
La transmission d'une information coûte une énergie $E_1 = 50$ nJ par bit échangé, pour chaque émission et pour chaque réception. L'énergie nécessaire à la propagation du signal sans fil dépend de la distance *d*, exprimée en mètres, entre émetteur et récepteur : elle vaut $E_2(d) = d^2$ en nJ/bit.

1. Calculer l'énergie nécessaire pour transmettre 1 bit d'information de A à B.

2. a. Calculer l'énergie nécessaire pour transmettre un paquet de 2 000 bits de A à E, en le faisant transiter de capteur en capteur.

b. Calculer l'énergie nécessaire pour transmettre le même paquet directement de A à E. Comparer avec le résultat précédent.

3. Quelle solution sera la moins coûteuse, d'un point de vue énergétique, si la distance entre les capteurs augmente ?

Exercice 3 / Les besoins croissants des objets connectés

15 min

Faire transiter plus de données, plus rapidement : c'est l'objectif du futur réseau de télécommunication 5G. Cette technologie a été pensée pour une société hyperconnectée, et devrait servir à connecter massivement les objets « intelligents » qui envahissent notre quotidien.

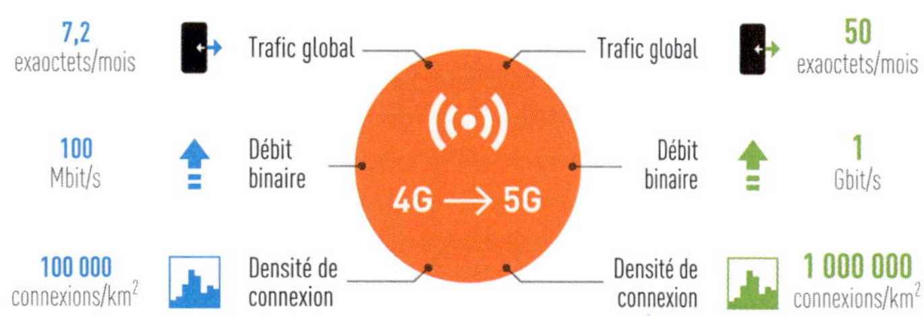

1. Comparer les performances de la 5e génération de téléphonie mobile et de la 4G.

2. Justifier l'intérêt de la 5G pour le fonctionnement des objets connectés.

Travailler en autonomie

Je révise pour l'évaluation

Aller sur lycee.editions-bordas.fr/cahier-SNT pour accéder à des QCM d'auto-évaluation.

SÉQUENCE 12

Les interfaces homme-machine

Le savais-tu ?

Anecdote 1

Après six années de recherche, l'ingénieur américain Douglas C. Engelbart, qui a consacré une partie de sa vie au développement des interfaces homme-machine, présente la première souris de l'Histoire. C'était le 9 décembre 1968 !

Anecdote 2

De grandes entreprises innovantes travaillent au développement du concept d'« intelligence ambiante » (*Ambient Computing*). Leur vision, futuriste, est celle d'une technologie « invisible » qui privilégiera les interactions gestuelles et vocales entre l'humain et la machine, sans aucune interface !

Repères historiques

1963
L'ingénieur américain Ivan Sutherland programme Sketchpad, considéré comme l'ancêtre des interfaces graphiques modernes.

1968
Invention de la première souris par l'ingénieur Douglas Engelbart.

1991
L'informaticien Mark Weiser présente sa vision de « l'informatique ubiquitaire » : de multiples objets connectés sont accessibles par tous, partout et à tout instant.

Années 2000
Début des recherches sur l'*Ambient Computing* (dialogue direct entre l'humain et la machine via la voix, les gestes et même la pensée).

Activité 1 / Simulation de l'allumage des feux de détresse

45 min

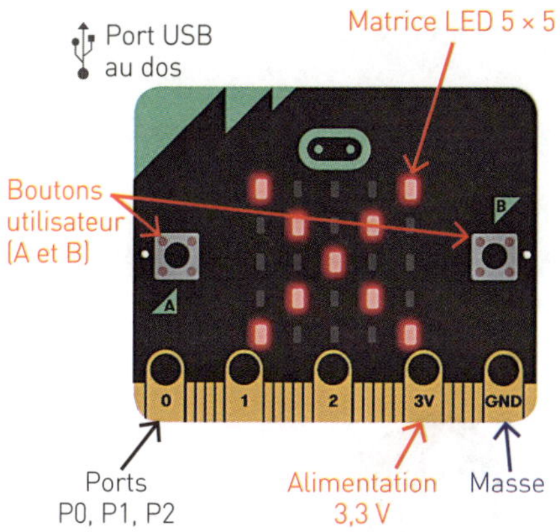

Pour dialoguer avec un système embarqué, par exemple dans une voiture, l'utilisateur manipule une interface composée d'écrans, de boutons... L'objectif de cette activité est de programmer une interface simple avec un émulateur en ligne de carte micro:bit. Cette interface reproduira les commandes d'allumage des feux de détresse que l'on trouve à bord d'une voiture.

La carte micro:bit est munie de deux boutons, A et B, qui simuleront des boutons sur le tableau de bord du véhicule. Elle présente également un écran de 25 LEDs lumineuses qui simulera le voyant lumineux des feux de détresse.

Deux approches indépendantes sont possibles : la programmation par blocs à la manière de Scratch avec l'émulateur en ligne (**sans la carte**, aller sur le site : makecode.microbit.org), ou la programmation avec le langage Python (**avec la carte**, aller sur le site : python.microbit.org).

1. Saisir le programme en blocs (colonne de gauche) ou en Python (colonne de droite).

BLOCS

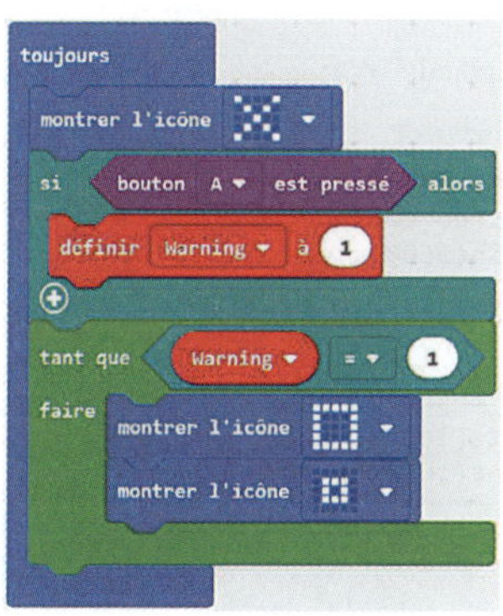

PYTHON

```
from microbit import *

warning = 0
while True:
    display.show(Image.NO)
    if button_a.is_pressed():
        warning = 1
    while warning == 1:
        display.show(Image.SQUARE)
        sleep(500)
        display.show(Image.SQUARE_SMALL)
        sleep(500)
```

2. Qu'affiche l'écran au lancement du programme ?

....

3. Quel est l'événement qui déclenche l'allumage des feux de détresse ?

....

4. Décrire le signal visuel qui apparaît alors sur le tableau de bord du véhicule.

....

5. a. Comment modifier le programme pour qu'une pression sur le bouton B éteigne les feux de détresse ?

BLOCS	PYTHON
....	....
....	....
....	....

b. Réaliser les modifications, puis tester l'allumage et l'extinction des feux de détresse.

6. Écrire sous forme de phrase l'algorithme de comportement de cette l'interface.

....

....

....

Activité 2 / Détection « tout ou rien » d'un champ magnétique

30 min

Pour évaluer leur vitesse, les trottinettes électriques décomptent le nombre de tours de roue. Un capteur de champ magnétique à effet Hall est fixé sur le cadre, tandis qu'un aimant est fixé sur la roue et tourne avec elle. Le capteur enregistre ainsi les variations de champ magnétique provoquées par les passages cycliques de l'aimant à proximité.

On réalise un dispositif simple pour simuler cette situation :

> Aller sur lycee.editions-bordas.fr/cahier-SNT pour accéder à une vidéo montrant la diode qui clignote ainsi qu'une présentation du montage à effectuer.

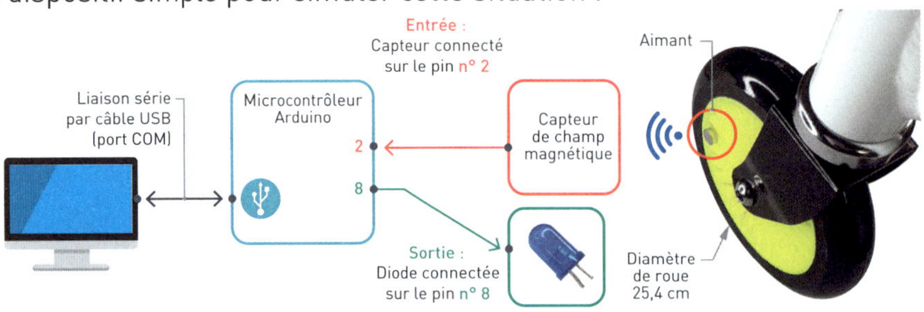

En entrée du microcontrôleur Arduino, le capteur de champ magnétique délivre un signal de type « tout ou rien » lors du passage de l'aimant.

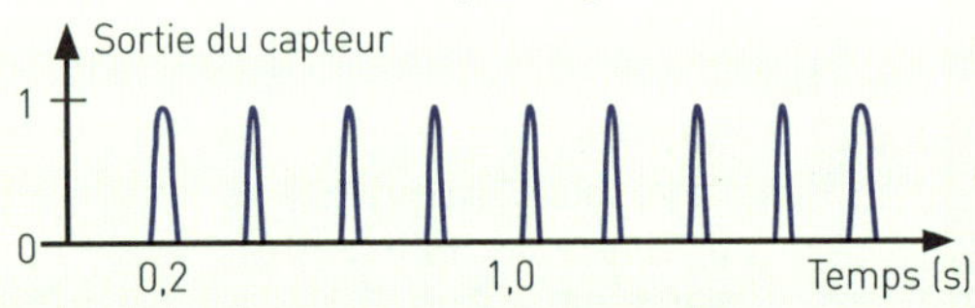

En sortie, l'Arduino déclenche l'allumage d'une diode à chaque passage de l'aimant, et envoie une information par la liaison série vers le port COM de l'ordinateur : un « 1 » si l'aimant est détecté, un « 0 » sinon.

Programme téléversé dans l'Arduino :

```
01 int led = 8;
02 int entree_capteur = 2;
03
04 void setup() {
05   pinMode(led, OUTPUT);
06   pinMode(entree_capteur, INPUT);
07   Serial.begin(9600);
08 }
09
10 void loop() {
11   int valeur_mesuree = digitalRead(entree_capteur);
12   digitalWrite(led, !valeur_mesuree);
13   Serial.print(!valeur_mesuree);
14   delay(20);
15 }
```

1. Quelles valeurs ont été affectées en début de programme aux variables `led` et `entree_capteur` ?

....

2. Indiquer le rôle des instructions des lignes 5 et 6, en précisant le sens des mots `INPUT` et `OUTPUT`.

....

....

3. Indiquer le rôle de l'instruction de la ligne 7.

....

....

4. Quelle ligne du programme déclenche la mesure du signal délivré par le capteur ?

....

5. Quelles sont les deux actions réalisées en sortie par le programme ?

....

....

6. En utilisant le graphique de la sortie du capteur et les données de la trottinette, calculer sa vitesse en km/h.

....

....

Activité 3 / Interface simplifiée d'une imprimante 3D

50 min

On se propose de réaliser une partie du logiciel de contrôle d'une imprimante 3D. L'interface doit permettre à l'utilisateur de :

1. Sélectionner le matériau du filament d'impression (ABS ou PLA) à l'aide des boutons ABS et PLA.

2. Démarrer le préchauffage de la buse d'extrusion (qui fait fondre le filament) et du plateau chauffant (sur lequel se dépose la première couche de filament fondu) à l'aide du bouton Start.

3. Être informé de l'avancée du préchauffage.

4. Être informé du démarrage de l'impression, qui est automatique, une fois les deux températures atteintes.

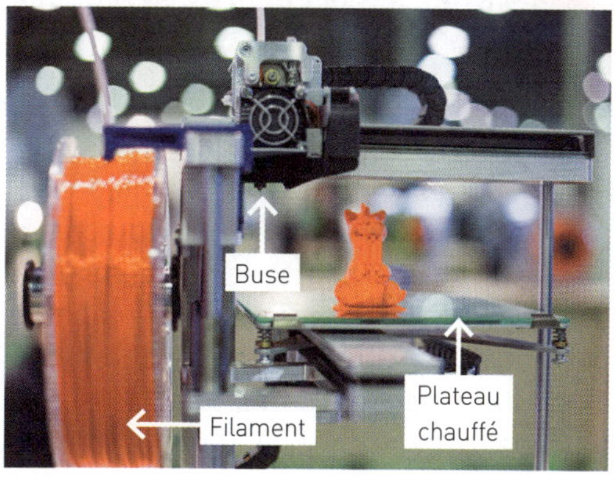

Le réglage des deux températures de chauffage dépend du type de filament utilisé. Pour le PLA, la température du plateau doit valoir 60 °C, et celle de la buse, 180 °C ; pour l'ABS, la température du plateau doit valoir 100 °C, et celle de la buse, 230 °C.

Attention, l'impression ne peut pas démarrer tant que les températures cibles ne sont pas atteintes.

Aller sur le site lycee.editions-bordas.fr/cahier-SNT pour visualiser le programme de simulation partiellement complété.

Pour contrôler le fonctionnement de l'imprimante, l'objet « imprimante » est doté des méthodes suivantes :
1) `imprimante.lire_temperature_cible()` qui renvoie les températures cibles de la buse et du plateau sous la forme (buse, plateau)
2) `imprimante.lire_temperature()`
3) `imprimante.demarrer_chauffage()` qui lance le préchauffage
4) `imprimante.chauffage_en_cours()` qui renvoie `True` si l'imprimante est en train de chauffer
5) `imprimante.impression_en_cours()` qui renvoie `True` si l'imprimante est en train d'imprimer
6) `imprimante.demarrer_impression()`
7) `imprimante.fixer_temperature_cible(buse, plateau)` qui fixe les températures à atteindre

L'activité consiste à compléter trois des fonctions qui pilotent l'imprimante 3D.
Deux de ces fonctions sont appelées lorsque l'on clique sur les boutons ABS et Start.

1. Quel est le rôle de l'interface pour cette imprimante 3D ?

2. Que mesurent les deux capteurs de température nécessaires au fonctionnement de l'imprimante 3D ?

3. Quel est le rôle de la fonction `fixer_temperatures_pla()`, à la ligne 16 du programme ?

4. Pourquoi la condition `if not chauffage_en_cours` est-elle indispensable dans la fonction `fixer_temperatures_pla()` ?

5. Compléter en blocs la fonction `fixer_temperatures_abs()` qui sera lancée quand on clique sur le bouton ABS.

6. Compléter la fonction `demarrer_impression()`, qui sera appelée quand on clique sur le bouton Start.

7. Compléter la fonction `afficher_message()`, qui doit afficher à l'écran le message suivant : « Fin du préchauffage, l'impression commence. »

8. À l'aide du panneau de contrôle, tester le bon fonctionnement de l'imprimante pour les deux types d'impression.

L'essentiel du cours

L'interaction entre l'humain et la machine

L'utilisateur dialogue avec les systèmes embarqués à travers des **interfaces (interfaces homme-machine**, IHM).
Il s'agit par exemple d'un écran intégré à l'appareil, de voyants lumineux, de boutons, etc.
Ces interfaces apportent des informations sur le fonctionnement d'une machine et permettent à l'utilisateur de la piloter.
Le pilotage peut également s'effectuer à distance, à l'aide d'un écran d'ordinateur, d'une tablette tactile, d'un smartphone...

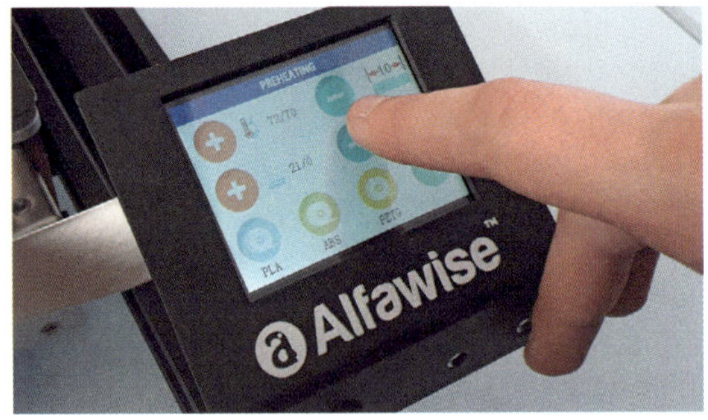

Cet écran tactile d'imprimante 3D permet le réglage de la buse d'impression du bout du doigt. L'IHM permet aussi de suivre l'avancement de l'impression.

Bus de communication

Pour communiquer avec le microcontrôleur, l'IHM échange des données par l'intermédiaire de conducteurs électriques, appelés **bus** de communication.
Ces bus sont faciles à mettre en œuvre sur un microcontrôleur de type Arduino, moyennant l'installation de **bibliothèques logicielles** (qui sont des collections de fonctions, prêtes à être utilisées dans un programme).

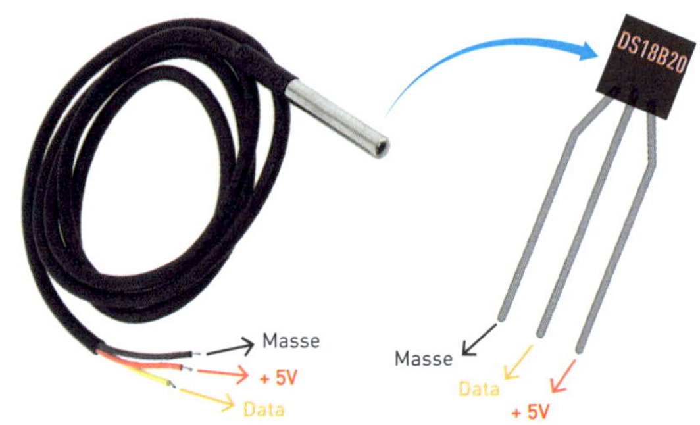

Ce capteur de température DS18B20 utilise un bus dit « OneWire » composé de 3 fils (+ 5V, masse, et fil consacré à l'échange de données).

Les grandes étapes de réalisation d'une IHM

Pour concevoir l'interface homme-machine d'un objet connecté, plusieurs étapes de développement sont nécessaires. Citons :
- le design de l'interface à partir des fonctionnalités voulues, en prenant garde à l'ergonomie et à l'accessibilité ;
- le choix des bibliothèques logicielles appropriées aux différents composants et aux fonctionnalités ;
- la programmation du comportement de l'interface et du microcontrôleur ;
- la connexion des capteurs et des actionneurs ;
- le téléversement du programme dans le microcontrôleur, via un câble ou par Wi-Fi ;
- et enfin, une phase de test et de débogage, en observant le comportement du système embarqué.

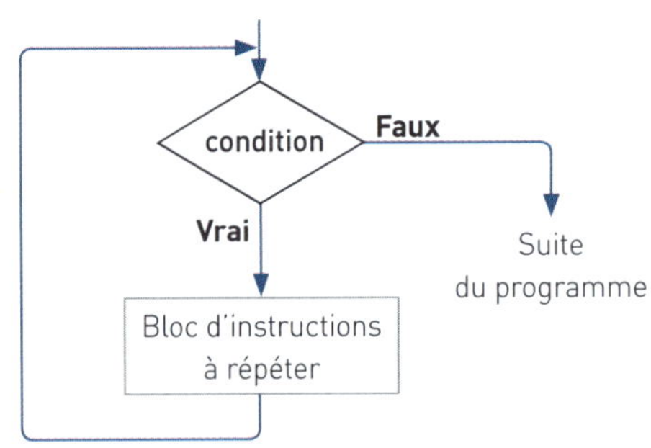

La boucle « tant que » permet de répéter un bloc d'instructions tant qu'une condition (par exemple une donnée venant d'un capteur) est vraie.

Les qualités d'une IHM

La programmation d'une interface homme-machine répond à des exigences particulières. Les données numériques doivent pouvoir être traitées par le microcontrôleur et affichées par l'IHM quasiment en temps réel.
Il est important que l'IHM conserve sa **réactivité** en veillant à ne pas entrer dans une boucle infinie ou une boucle d'instructions longues à exécuter, sous peine de provoquer un « gel » du système.

Dans l'industrie, les IHM servent par exemple à suivre la production en temps réel, et mettent en valeur diverses alertes de fonctionnement de façon visuelle. Elles ont ainsi amélioré la sécurité des opérateurs.

Les définitions à connaître

• Une **interface homme-machine** (IHM) est une application permettant la communication entre l'utilisateur et la machine.
• Un **port de communication** est une porte d'entrée (ou une porte de sortie) permettant à un microcontrôleur de :
– recevoir des données d'un capteur ;
– d'envoyer des ordres à des actionneurs.
• Un **bus** est un ensemble de connexions électriques reliant les composants d'un système électronique.

Carte mentale

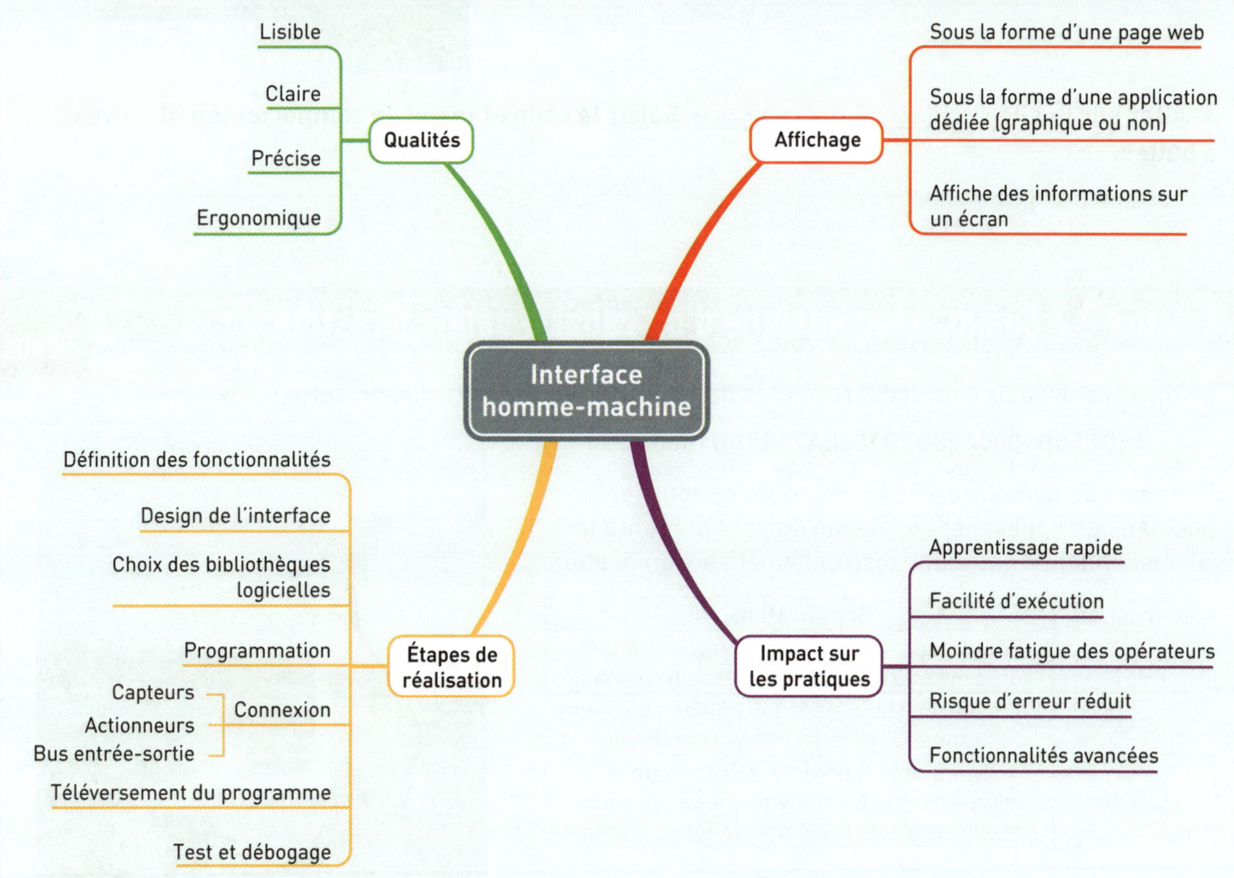

Ce qu'il faut retenir

Je dois être capable de :

☐ définir une interface homme-machine (IHM)
☐ expliquer le rôle joué par les capteurs et les actionneurs dans un système embarqué
☐ écrire un programme simple d'acquisition de données ou de commande d'un actionneur
☐ décrire l'action d'un actionneur dans un système courant

Exercice 1 / IHM d'un niveau laser

20 min

On souhaite développer l'interface d'un niveau à bulles électronique grâce au capteur d'accélération intégré à la carte micro:bit.
On donne ci-dessous une portion du code en blocs.

1. Quel est le rôle joué par l'instruction encadrée en bleu ?

....

....

2. Comment compléter le code pour que l'interface affiche « G » quand la carte est penchée vers la gauche, et « – » dans tous les autres cas ?

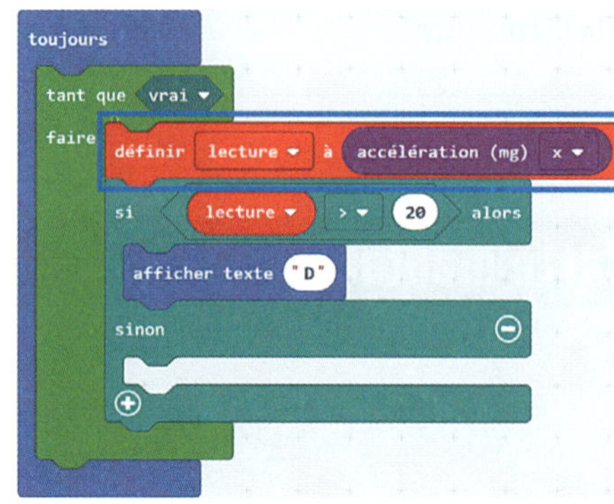

....

....

....

....

3. Aller sur le site : makecode.microbit.org. Saisir le code et tester le comportement du niveau à bulles.

Exercice 2 / Commande physique d'un robot à partir d'instructions

20 min

Le microcontrôleur d'un robot reçoit les données suivantes via la liaison série :

A50B50D1000A50B0D1000A70B70D1000A0B0

Par souci de simplification, les moteurs ne tournent que dans un seul sens. Le tableau suivant présente la correspondance entre une instruction et sa signification.

Instruction	Signification
AXX	Faire tourner le moteur A (roue droite) vers l'avant à XX % de sa vitesse maximale.
BXX	Faire tourner le moteur B (roue gauche) vers l'avant à XX % de sa vitesse maximale.
DXXXX	Introduire un délai de XXXX ms dans le programme (ce qui équivaut à faire une pause) avant de lire l'instruction suivante.

1. Quel devrait être le trajet suivi par le robot ?

....

....

....

....

2. Écrire les instructions à envoyer au robot pour qu'il effectue le mouvement suivant :

Robot arrêté. Avancer pendant 5 secondes à 75 % de la vitesse maximale.
Tourner à droite à 50 % de la vitesse maximale pendant 500 ms, puis s'arrêter.

Instructions : ....

Exercice 3 / Réalisation pratique d'un objet connecté

25 min

Aller sur lycee.editions-bordas.fr/cahier-SNT pour accéder à une vidéo montrant le capteur de luminosité ainsi qu'une présentation du montage à effectuer.

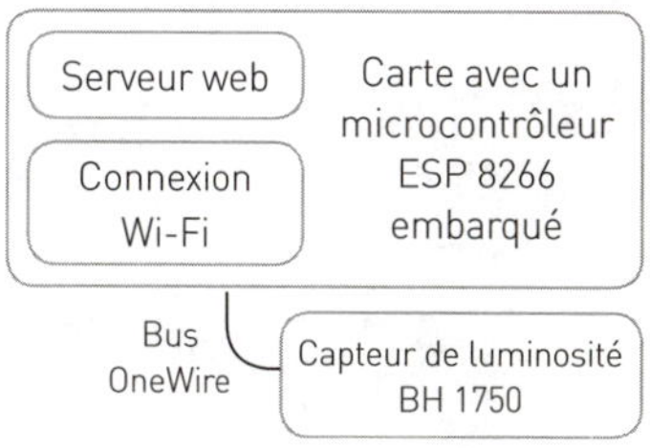

On souhaite réaliser un système pour gérer à distance l'allumage de lampes dans une pièce. La première étape consiste à y installer un capteur de luminosité « connecté ». Le capteur est relié par un bus OneWire à une carte équipée d'un microcontrôleur ESP8266. Ce dernier communique avec le monde extérieur grâce à une connexion Wi-Fi, et est programmé avec l'environnement de développement Arduino. Il joue également le rôle de serveur afin de fournir à tout client (smartphone ou autre) connecté une page web affichant la valeur mesurée de la luminosité.

On donne ci-dessous le programme téléversé dans l'ESP8266 :

```
01 #include <ESP8266WiFi.h>
02 #include <ESP8266WebServer.h>
03 #include <Wire.h>
04 #include <BH1750.h>
05
06 const char * ssid = "BOX";
07 const char * password = "mot de passe";
08 ESP8266WebServer server(80);
09 BH1750 capteurLum;
10 volatile int mesure;
11
12 void  setup() {
13   Serial.begin(115200);
14   WiFi.begin(ssid, password);
15
16   while (WiFi.status() != WL_CONNECTED) {
17     delay(500);
18     Serial.print("."); }
19   Serial.println("IP address: " + WiFi.localIP());
20
21   server.on("/", []() { server.send(200, "text/html", "<html><head>"
22     "<meta http-equiv=\"refresh\" content=\"1\" /></head>"
23     "<body>Mesure : " + String(mesure) + "</body></html>"); });
24   server.begin();
25   Wire.begin(0, 2);
26   capteurLum.begin(); }
27
28 void  loop() {
29   mesure = capteurLum.readLightLevel();
30   Serial.println("Valeur de la luminosité : ");
31   Serial.println(mesure);
32   delay(500);
33   server.handleClient(); }
```

1. Le programme nécessite l'utilisation de bibliothèques (lignes 1 à 4). En tenant compte de leur nom, deviner quel rôle elles jouent.

....

....

....

....

....

....

....

....

....

2. Quelles valeurs contiennent les variables `ssid` et `password` ? Préciser leur type.

....

....

....

3. Entourer la ligne du programme qui lance la mesure de la luminosité ambiante.

4. Souligner les trois lignes du programme qui demandent d'envoyer la valeur mesurée au client connecté, via l'interface web.

5. Quel dispositif faudrait-il ajouter pour compléter le système ?

....

....

Travailler en autonomie

Je révise pour l'évaluation

Aller sur lycee.editions-bordas.fr/cahier-SNT pour accéder à des QCM d'auto-évaluation.

SÉQUENCE 13

À la découverte de la photographie numérique

Le savais-tu ?

Anecdote 1

Il a fallu de nombreuses heures de pose pour fixer la première photo de l'Histoire, en 1826 (une vue depuis la fenêtre de la maison de Nicéphore Niépce). Les téléphones actuels sont capables de capter plus de 100 images par seconde !

Anecdote 2

Dans les années 1990, le premier appareil photo totalement numérique commercialisé pour le grand public produisait des images d'environ 100 000 pixels. Aujourd'hui, les images en possèdent souvent plus de 25 millions.

Repères historiques

1826
Le premier cliché de l'histoire a été réalisé par Nicéphore Niépce.

1861
Première image en couleurs, réalisée par le célèbre physicien James Clerk Maxwell, à l'aide de trois filtres RVB.

1975
Mise au point du premier appareil photo numérique exploitant un capteur CCD.

1997
Le premier téléphone intégrant un appareil photo a été inventé par Philippe Kahn.

Activité 1 / Du pixel art au pixel de l'image

30 min

Le *pixel art* est une forme d'art minimaliste dans lequel les images sont formées de petits carrés de couleur uniforme, comme sur l'image ci-contre. Cette mode « rétro » mime le rendu sur les anciens écrans des consoles de jeu ; celles-ci avaient une résolution très faible et présentaient une palette de couleurs réduite.

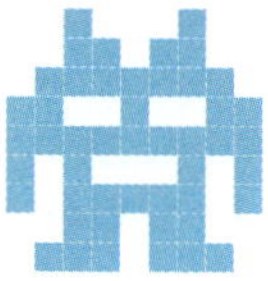

1. À l'aide d'une règle, d'un crayon et de feutres (ou de crayons) rouge, vert, bleu et noir, créer votre *pixel art* du perroquet en coloriant les cases de la grille ci-dessous.

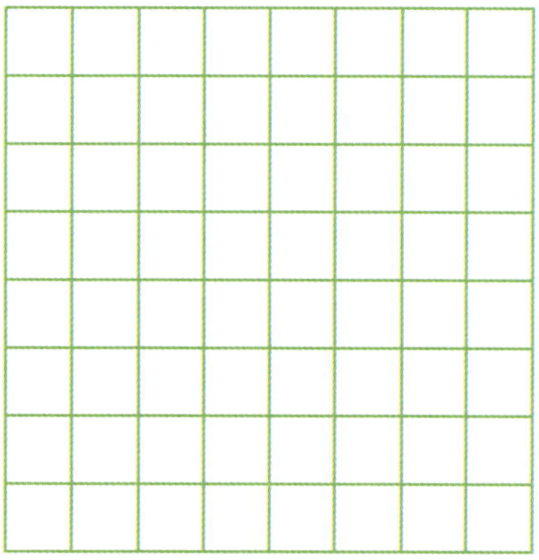

2. Est-il possible d'améliorer le rendu final en modifiant certains pixels ? Si oui, expliquer comment.

....

....

3. Classer dans l'ordre les différentes actions réalisées pour créer le *pixel art* :

- ☐ Choisir une couleur pour chaque pixel de l'image.
- ☐ Retoucher le résultat pour un meilleur rendu.
- ☐ Décomposer la scène en petits carrés dans une grille.

La photographie du perroquet a été prise à l'aide d'un appareil photo numérique. Les étapes de prise de vue présentent des analogies avec le processus suivi pour créer le *pixel art*.

4. Par analogie avec la question précédente, classer dans l'ordre les différentes étapes d'une prise de vue :

- ☐ Les informations de lumière sont traitées, élément par élément.
- ☐ Le capteur de l'appareil photo découpe la scène en petits éléments.
- ☐ Différents algorithmes attribuent une couleur à chaque pixel de l'image finale.

L'image ci-contre est une version très zoomée de l'image précédente sur un écran. On voit apparaître de petites zones colorées homogènes : ce sont les pixels (de l'anglais *picture elements*), qui ont donné leur nom au *pixel art*.

5. Examiner les couleurs. Quelle est la différence notable par rapport au *pixel art* ?

....

6. L'image d'origine compte 300 pixels par centimètre, et mesure 5 cm sur 5 cm. Combien compte-t-elle de pixels au total ?

....

....

7. Comparer le résultat précédent avec le nombre de pixels du *pixel art* créé.

....

....

Activité 2 / Les coulisses d'une prise de vue

30 min

L'appareil photo numérique a révolutionné la prise de vue dans les années 1990.
Examinons comment se forme une image lorsqu'on appuie sur le déclencheur de l'appareil.

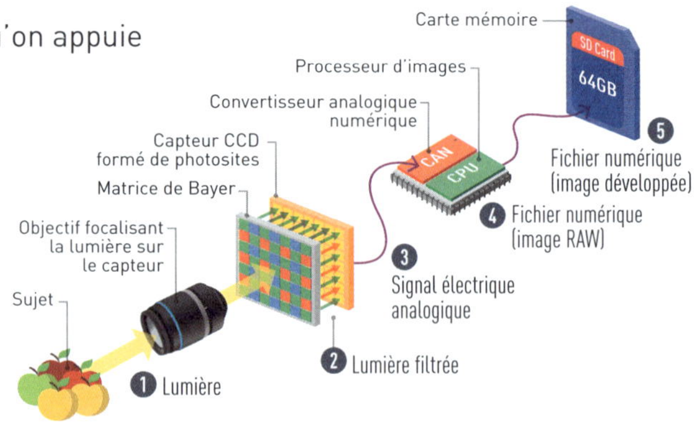

1. Quel est le trajet suivi par la lumière depuis l'objet photographié jusqu'au capteur CCD ?

....

....

....

....

2. Le capteur numérique est composé de nombreux photosites. À quoi servent-ils ?

....

....

....

3. Quel est le composant qui transforme le signal analogique en données numériques lisibles par le système de traitement d'images ?

....

Différents réglages permettent de choisir la qualité de l'image numérique avant son stockage dans la carte mémoire de l'appareil photo. Les écrans ci-contre présentent deux réglages, A et B, sur un appareil.

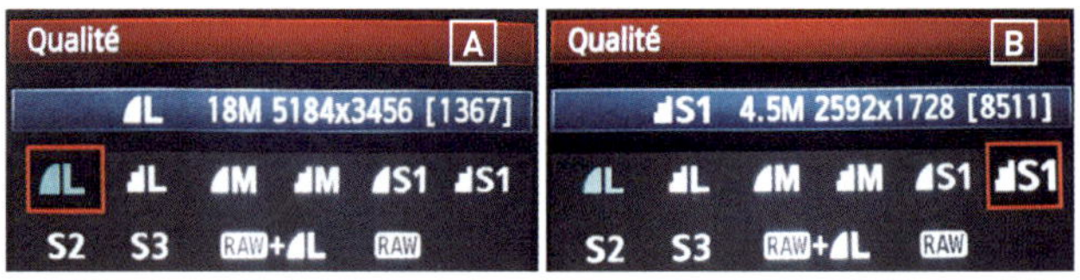

4. À partir des informations fournies sur le schéma, expliquer l'intérêt de l'option « RAW » proposée.

....

....

5. Que signifient les informations 18 M et 4.5 M ?

....

....

6. a. Que signifient les indications 5184 × 3456 et 2592 × 1728 ?

....

b. Vérifier que ces données sont compatibles avec les informations de la question 5.

....

....

....

7. Un éditeur de métadonnées fait apparaître les champs « modèle d'appareil photo », « hauteur en pixels » et « largeur en pixels » d'une image. Une image a été prise avec le réglage A. Pouvez-vous déterminer les valeurs de certaines de ses métadonnées ?

....

....

Activité 3 / Les secrets du codage RVB

30 min

À la loupe, l'écran d'un smartphone révèle une multitude de pixels lumineux qui se subdivisent en trois sous-pixels rouge, vert et bleu. Comme les pixels sont trop petits pour être distingués, l'œil mélange les couleurs des sous-pixels, ce qui lui donne l'impression de ne voir que la couleur issue du mélange.
C'est ce principe qui permet le **codage RVB** des couleurs des images numériques.

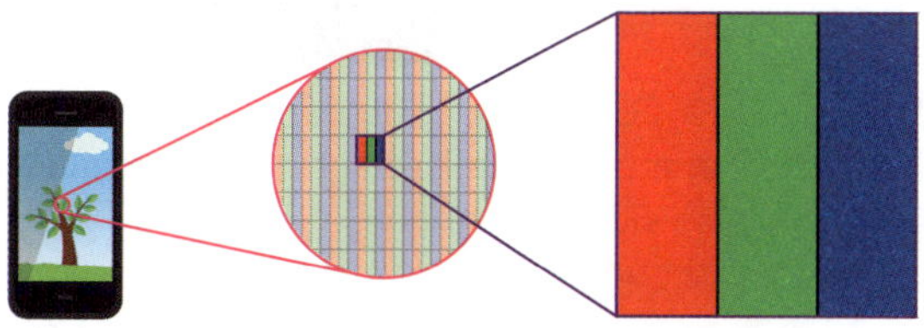

Pour le comprendre, on projette trois lumières colorées sur un écran, et on observe les couleurs des zones illuminées.

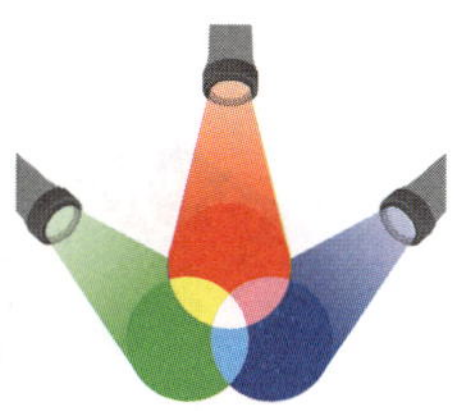

1. On considère des lampes respectivement rouge, verte et bleue qui sont présentes (ON) ou absentes (OFF). En s'aidant des résultats de l'expérience ci-dessus, remplir les trois premières colonnes vides du tableau.

Couleur obtenue	Lumières allumées ou éteintes			Code de la couleur
	Rouge	Vert	Bleu	
Rouge	ON	OFF	OFF	(1,0,0)
vert				
bleu				
noir				
cyan				
magenta				
jaune				
blanc				

2. En déduire le codage RVB de chacune des couleurs du tableau, en utilisant le code fourni comme modèle pour le rouge.

Ce cas est celui d'une image RVB codée sur 3 bits. Ce codage permet de distinguer 8 couleurs différentes (2 × 2 × 2, pour les deux états ON et OFF de chacune des trois lampes).

3. À l'aide des questions précédentes, colorier les cases de la grille ci-dessous.

(0,1,1)	(0,1,1)	(1,0,0)	(1,0,0)	(1,0,0)	(1,0,0)	(1,0,0)	(0,1,1)	(0,1,1)
(0,1,1)	(1,0,0)	(1,0,0)	(1,1,1)	(1,1,1)	(1,1,1)	(1,0,0)	(1,0,0)	(0,1,1)
(0,1,1)	(1,0,0)	(1,0,0)	(1,0,0)	(1,0,0)	(1,0,0)	(1,0,0)	(1,0,0)	(0,1,1)
(0,1,1)	(0,0,0)	(1,1,1)	(0,0,0)	(1,1,1)	(0,0,0)	(1,1,1)	(0,0,0)	(0,1,1)
(0,1,1)	(0,0,0)	(1,1,1)	(0,0,0)	(0,0,0)	(0,0,0)	(1,1,1)	(0,0,0)	(0,1,1)
(0,1,1)	(0,1,1)	(1,1,1)	(1,1,1)	(1,1,1)	(1,1,1)	(1,1,1)	(0,1,1)	(0,1,1)
(1,1,1)	(1,0,0)	(0,0,1)	(1,0,0)	(1,0,0)	(1,0,0)	(0,0,1)	(1,0,0)	(1,1,1)
(1,1,1)	(1,0,0)	(1,1,0)	(0,0,1)	(0,0,1)	(0,0,1)	(1,1,0)	(1,0,0)	(1,1,1)
(0,1,1)	(0,1,1)	(0,0,1)	(0,0,1)	(0,0,1)	(0,0,1)	(0,0,1)	(0,1,1)	(0,1,1)
(0,1,1)	(0,1,1)	(0,0,1)	(0,0,1)	(0,0,1)	(0,0,1)	(0,0,1)	(0,1,1)	(0,1,1)
(0,1,0)	(0,1,0)	(0,0,0)	(0,0,0)	(0,1,0)	(0,0,0)	(0,0,0)	(0,1,0)	(0,1,0)

Les images RVB sont souvent codées sur 24 bits ; chacune des composantes R, V et B est codée sur 8 bits (ce nombre s'appelle la « profondeur de couleur »). Le nombre de valeurs possibles est alors de $2^8 = 256$ pour chaque composante.

4. a. Combien de couleurs différentes peut-on coder avec le codage RVB sur 24 bits ?

....

b. On code désormais cette image sur un ordinateur avec 24 bits pour chaque pixel. Un octet correspond à 8 bits. Quel est l'espace, en octets, occupé par l'image ?

....

5. Télécharger l'image Mystere.png **sur le site : lycee.editions-bordas.fr/cahier-SNT. Vérifier que sa profondeur de couleur est égale à 8, puis comparer sa taille à celle de la question 5.b.**

....

....

....

....

....

L'essentiel du cours

Comment obtenir une image numérique ?

Lorsqu'on appuie sur le déclencheur d'un appareil photo, la lumière issue de la scène traverse l'objectif puis parvient sur un **capteur**.
Le capteur est découpé en un quadrillage de **photosites** qui sont recouverts d'un filtre vert, rouge ou bleu, et mesurent respectivement la composante verte, rouge ou bleue de la lumière incidente.
L'image brute, ou « RAW », subit une opération de « dématriçage » : l'information des photosites voisins est combinée pour obtenir une couleur.
L'image enregistrée dans la mémoire de l'appareil est alors formée de zones élémentaires, appelées **pixels**, auxquels sont attribués une couleur.

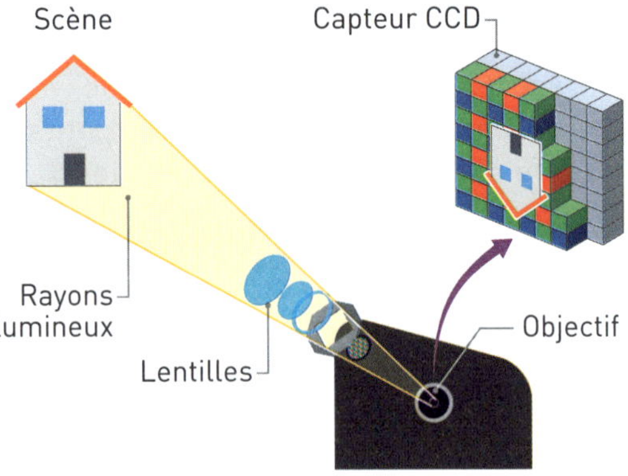

Prise de vue avec un appareil numérique : la lumière issue de la scène est focalisée sur le capteur, qui la transforme en signal électrique.

Paramétrage de l'appareil

La **définition** des capteurs actuels se mesure en millions de photosites.
La **définition de l'image**, qui est différente de celle du capteur, se compte en pixels. En fonction des réglages de l'appareil, la définition de l'image peut être modifiée au moment de la prise de vue.
On peut également choisir d'enregistrer l'image sous différents **formats**.

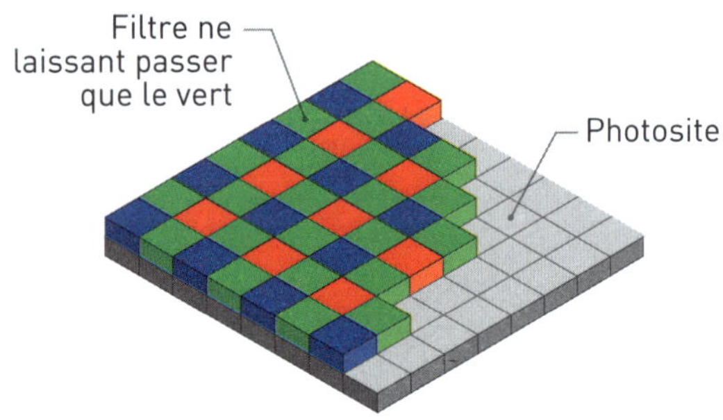

Pour prendre en compte la sensibilité accrue de l'œil à la lumière verte, de nombreux capteurs présentent deux fois plus de photosites verts que de photosites bleus et de photosites rouges.

Que contient un fichier image ?

Un fichier image contient deux types d'informations : l'image proprement dite, constituée de données définissant les valeurs des couleurs des pixels ; des **métadonnées**, qui sont des données supplémentaires liées à l'image comme sa définition, le système de codage des couleurs, le modèle de l'appareil photo, etc.

Format d'image	Compression
RAW	Non compressé
BMP	Non compressé
JPG	Compressé avec perte
PNG	Compressé sans perte

Quelques formats d'image. La compression permet de réduire l'espace occupé par le fichier dans la mémoire de l'appareil ou de l'ordinateur.

Le codage des couleurs

Dans le **codage RVB**, la couleur de chaque pixel est fixée par un triplet de valeurs représentant les intensités de lumière rouge, verte et bleue. Il existe d'autres types de codage de couleurs : CMJN, YUV...
Le nombre de bits utilisés pour coder l'intensité lumineuse s'appelle la **profondeur de couleur**.
Le **codage RVB** est le plus fréquent, car il correspond à l'affichage sur les écrans. En effet, une mosaïque de petits éléments lumineux rouges, verts et bleus, invisibles à l'œil nu, y reconstituent toute une palette de couleurs ; c'est la **synthèse additive**.

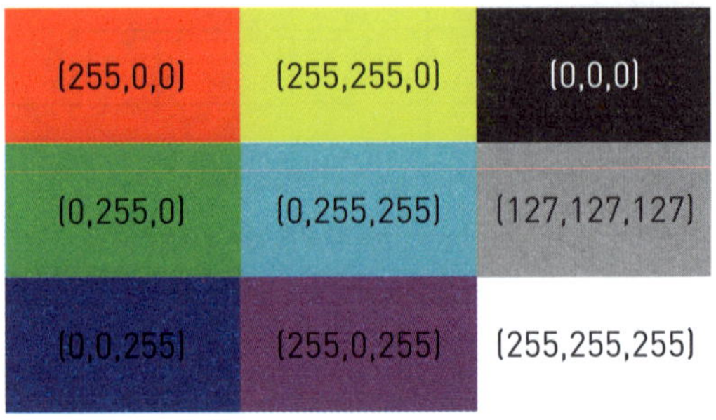

Codage en RVB sur 8 bits par couleur. Chaque intensité est mesurée par un nombre de 0 à 255. Ce codage permet de distinguer plus de 16 millions de couleurs.

Les définitions à connaître

- Un **photosite** est la plus petite zone sensible à la lumière d'un capteur CCD. Chaque photosite reçoit une lumière filtrée de couleur rouge, verte ou bleue et convertit la quantité de lumière reçue en un signal électrique.
- Un **pixel** est le constituant élémentaire d'une image numérique. Chaque pixel est de couleur uniforme.
- La **profondeur de couleur** est le nombre de bits utilisés pour représenter la composante R, V ou B d'un pixel de l'image. Elle est fixée à 8 bits par composante pour une image 24 bits. Plus celle-ci est élevée, plus le codage utilisé est capable de différencier un grand nombre de couleurs.
- La **définition** d'un capteur est le nombre total de ses photosites.
- La **définition** d'une image est le nombre total de ses pixels. Elle est souvent donnée sous la forme « nombre de colonnes × nombre de lignes », par exemple : 1 024 × 768.
- Une **image RAW** est l'image « brute » obtenue à la sortie du capteur de l'appareil photo.
- Le **format** d'une image correspond à la façon de coder son information.
Exemples : formats JPEG, GIF, BMP, PNG, RAW.
- Les **métadonnées** d'une photographie sont des données liées à l'image. Certaines sont nécessaires à son affichage, comme le type de codage des couleurs et sa définition ; d'autres fournissent des informations supplémentaires : date et heure de prise de vue, modèle de l'appareil photo, temps de pose, ouverture de l'objectif, coordonnées GPS du lieu de prise de vue, etc.

Carte mentale

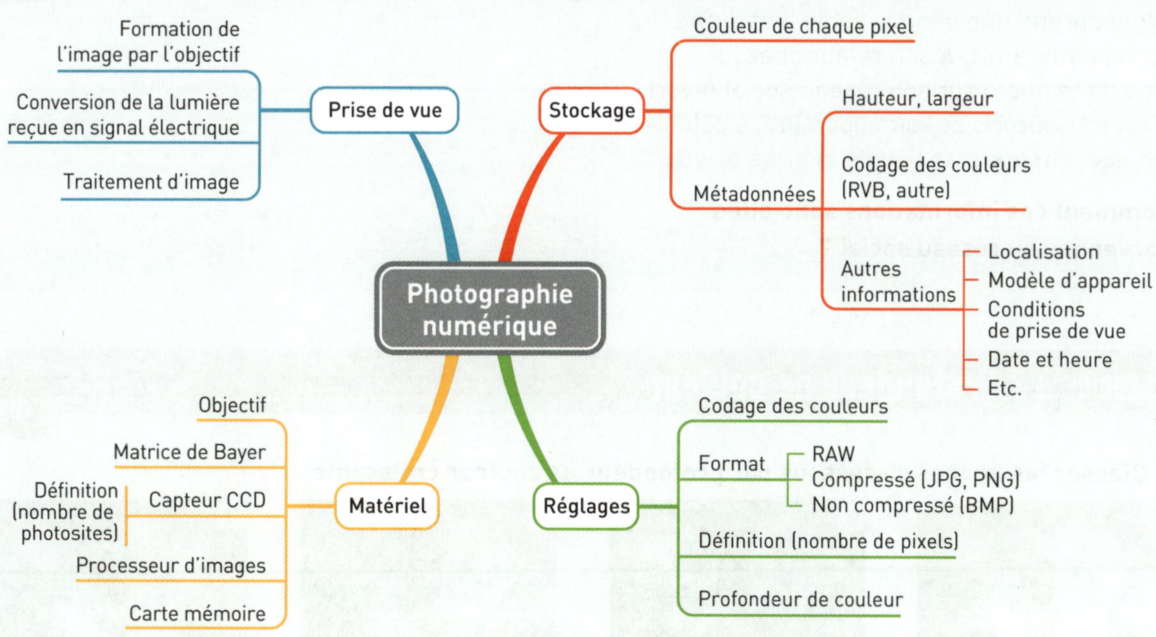

Ce qu'il faut retenir

Je dois être capable de :

- ☐ distinguer un photosite d'un pixel
- ☐ calculer la définition d'un capteur et d'une image
- ☐ retrouver les métadonnées d'une photographie numérique
- ☐ déterminer la définition d'une image lors d'une prise de vue

EXERCICE 1 / Définition d'un capteur et d'une image

15 min

On considère un cas très simplifié de prise de vue grâce au capteur schématisé ci-dessous :

1. Quelle est la définition de ce capteur ?

....

....

2. Le capteur a servi à prendre l'« image » ci-dessous. Quelle est sa définition ?

....

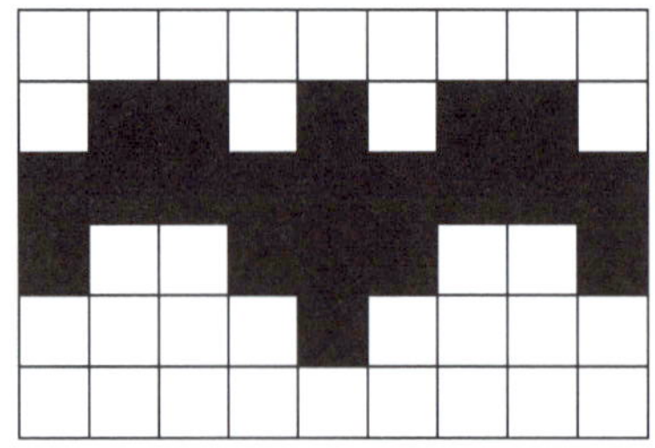

3. Quelle remarque pouvez-vous formuler concernant ces deux valeurs ? Expliquer.

....

....

....

EXERCICE 2 / Une situation vécue ?

5 min

Ernest prend une photographie lors d'une sortie entre amis. À son retour chez lui, il poste la photo sur son réseau social favori. Il est très surpris de voir apparaître, à côté de l'image, l'heure et le lieu de la prise de vue...

Comment ces informations sont-elles parvenues au réseau social ?

....

....

....

....

....

EXERCICE 3 / Profondeur de couleur

10 min

1. Classer les images ci-dessous par profondeur de couleur croissante.

n°..........

n°..........

n°..........

n°..........

2. Quel critère avez-vous appliqué ?

....

....

3. Quelle difficulté peut provoquer le choix d'une trop grande profondeur de couleur ?

....

....

Exercice 4 / Identifier les métadonnées d'une image

30 min

On ouvre le fichier image ci-contre avec un éditeur de métadonnées. On relève les informations suivantes :

Mode de couleurs	RVB
Profondeur de couleur	8
Hauteur × largeur	7 360 × 4 912
Valeur d'ouverture	3.36
Sensibilité ISO	ISO-250
Date et heure	01/06/2020 à 12:28
Temps d'exposition	1/125e s
Longueur focale	150 mm
Balance des blancs	Automatique
Latitude	48°10'17.6''N
Longitude	7°06'58.4''E
Marque	NIKON
Modèle	NIKON D810

1. **Entourer les informations strictement nécessaires à l'affichage de l'image.**

2. **Souligner les informations relatives à la configuration de l'appareil lors de la prise de vue.**

3. **Quel est l'intérêt de supprimer une partie des métadonnées avant de partager une image ?**

Exercice 5 / Trouver les métadonnées d'une image

20 min

Télécharger l'image `ImageMetadonnees.jpg` disponible sur lycee.editions-bordas.fr/cahier-SNT.

1. **Déterminer où cette photographie a été prise à l'aide d'un site web de géolocalisation.**

2. **Quel est le format de cette photographie ? À l'aide d'une recherche, préciser s'il s'agit d'un format compressé, et si oui, si la compression s'effectue avec ou sans pertes.**

3. **Justifier l'emploi du format JPG dans les appareils photo numériques.**

Travailler en autonomie

Je révise pour l'évaluation

Aller sur lycee.editions-bordas.fr/cahier-SNT pour accéder à des QCM d'auto-évaluation.

SÉQUENCE 14

Algorithmes pour les images

Le savais-tu ?

Anecdote 1

En photographie argentique, la pellicule exposée à la lumière nécessitait d'être plongée dans différents bains pour que l'image apparaisse ; un processus chimique appelé « développement ». Cette étape a bien sûr disparu avec la photographie numérique. Le traitement informatique des images qui s'effectue lors de la prise de vue a cependant gardé ce nom historique de « développement ».

Anecdote 2

Grâce aux progrès des algorithmes de traitement d'image, des robots sont aujourd'hui capables de reconnaître la maturité de fruits en temps réel pour effectuer une cueillette sélective.

Repères historiques

Années 1950
Début des travaux sur la compression des images.

Années 1960
Mise au point des premiers traitements automatisés d'images pour des expériences en physique des particules.

1965
Développement d'algorithmes de lecture des codes postaux, aux États-Unis, pour faciliter le traitement du courrier dans les centres de tri postal.

Aujourd'hui
Dans les smartphones, les algorithmes assurent une excellente qualité d'image alors que capteur et objectif sont minuscules.

Activité 1 / Des algorithmes au rôle prépondérant

30 min

Louna souhaite donner un effet vieilli à sa photo. Pour cela, elle applique le filtre « vieille photo » du logiciel GIMP. Elle obtient le rendu montré à droite.

1. Décrire les modifications effectuées par le filtre.

....

....

2. Le succès d'Instagram vient notamment de la variété de ses filtres. À quoi servent-ils ?

....

....

Les algorithmes d'amélioration des images n'ont pas qu'une fonction ludique. Dès la prise de vue, tout appareil photo numérique modifie les valeurs des pixels, de façon à rendre la photo plus belle ou plus représentative de la réalité.

La photo au royaume des algorithmes

« Un point peu connu est que, même si les capteurs ont fait de gros progrès en termes de résolution [...], un appareil photo moderne est surtout une machine informatique. Les principales innovations ont en effet eu lieu du côté des algorithmes, que l'on peut classer en trois catégories : l'aide à la prise de vue d'abord, le développement numérique et l'amélioration des images ensuite, et enfin l'impression et la diffusion [...].

[...] D'autres avancées sont purement informatiques, telles celles des nouveaux viseurs électroniques qui augmentent optionnellement la visée avec des informations utiles au photographe : scintillement des contours nets pour affiner rapidement la mise au point ; [...] coloration des zones trop claires ou trop foncées pour corriger si besoin l'exposition, elle-même calculée par une analyse algorithmique de la scène ; niveaux pour l'horizontalité et la verticalité...

Pour le développement des données brutes du capteur, les algorithmes se sont beaucoup améliorés : équilibrage de la lumière et des couleurs, débruitage numérique subtil, correction des distorsions et des aberrations optiques des objectifs, rehaussement sélectif des zones trop sombres... »

D'après G. Berry, *La Recherche* n° 533, mars 2018.

3. a. Lire cet extrait d'une chronique écrite par l'informaticien et académicien Gérard Berry. Souligner dans le texte les exemples d'algorithmes servant à faciliter la prise de vue.

b. Entourer ceux améliorant la qualité de l'image numérique finale.

4. À première vue, la qualité d'une prise de vue devrait avant tout reposer sur la qualité du matériel. Contre toute attente, Gérard Berry indique que l'appareil photo moderne est devenu une « machine informatique ». Proposer des arguments pour justifier cette affirmation.

....

....

....

....

....

....

....

5. Remettre dans l'ordre les étapes de la création d'une image numérique :

n°........ **:** développement numérique

n°........ **:** amélioration des images

n°........ **:** prise de vue

Activité 2 / Comment réduire le bruit d'une image numérique ?

30 min

Lors de la prise de vue, il arrive qu'une couleur erronée soit attribuée à des pixels de l'image finale. On parle de « bruit » numérique.
Les sources de bruit sont multiples : certaines sont liées au manque de lumière, à des défauts du capteur ; d'autres sont liées au processus de numérisation au moment où chaque photosite mesure la lumière reçue.

On considère la photo ci-contre, qui représente le coin d'une feuille blanche sur un fond noir. Pour simplifier, les couleurs sont données en noir et blanc, et sont codées par un nombre allant de 0 (pixel noir) à 1 (pixel blanc).

Image originale

0	0	0	0	0	0	0	0	0
0	0	0	0	1	0	0	0	0
0	0	1	0	0	0	0	1	1
0	0	0	0	0	0	0	1	1
0	0	0	0	0	1	1	1	1
0	0	0	0	1	1	1	1	1
0	0	0	0	1	1	1	1	1
0	1	0	0	1	1	1	1	1
0	0	0	0	1	1	1	1	1

1. Expliquer pourquoi cette image est « bruitée ».

....

....

On propose de réaliser une opération de filtrage, c'est-à-dire d'atténuer, voire de supprimer ces défauts visibles à l'œil nu.

Voici le principe d'un filtre appelé **filtre médian** (il en existe d'autres). Pour chaque pixel de l'image d'origine (sauf sur le bord de l'image, où il ne fait rien), le pixel de l'image de sortie prend la valeur majoritairement présente dans la zone comprenant le pixel traité et les 8 pixels voisins.

0	0	0
0	(1)	1
0	1	1

→ filtre

0	0	0
0	(0)	1
0	1	1

2. a. Appliquer ce filtre à l'image bruitée, en codant à l'aide de 0 et de 1 l'image obtenue dans les cases du quadrillage ci-contre.

b. Colorer les zones noires au crayon à papier.

Image filtrée par le filtre médian

3. A-t-on éliminé les pixels qui constituaient le bruit ?

....

Un autre filtre, le **filtre moyenneur**, consiste à remplacer chaque pixel par la moyenne arithmétique des pixels entourant le pixel traité et lui-même. On pourra ici obtenir des valeurs comprises entre 0 et 1, comme 0,1 ou 0,3.

4. Appliquer ce filtre à l'image bruitée, en notant les valeurs des pixels obtenus dans le quadrillage ci-contre.

Image filtrée par le filtre moyenneur

5. A-t-on éliminé les pixels qui constituaient le bruit ?

....

6. Comparer les résultats. Lequel des deux filtres choisiriez-vous pour diminuer le bruit d'une image en noir et blanc ?

....

....

....

Activité 3 / Comment passer une image en couleurs en niveaux de gris ?

40 min

Le programme ci-dessous permet de traiter un à un les pixels d'une image et d'afficher le résultat (pour une aide en langage Python, consulter la séquence 15 p. 116).

La ligne 10 permet d'obtenir les intensités de rouge (variable R), de vert (variable V) et de bleu (variable B) du pixel de coordonnées (x,y).

Les lignes 11 à 14 permettent de calculer les nouvelles valeurs des intensités de rouge, vert et bleu du pixel de coordonnées (x, y).

La ligne 16 effectue l'attribution des nouvelles valeurs R, V et B au pixel de coordonnées (x,y).

```
01 # Import des bibliothèques
02 from PIL import Image
03
04 def traitement(image):
05     # Dimensions de l'image
06     largeur, hauteur = image.size
07     image_traitee = Image.new('RGB', (largeur, hauteur))
08     for y in range(hauteur):
09         for x in range(largeur):
10             R, V, B = image.getpixel((x, y))
11             Moyenne =
12             R_traite =
13             V_traite =
14             B_traite =
15             # Modification du pixel de l'image
16             image_traitee.putpixel((x, y), (R_traite, V_traite, B_traite))
17     return image_traitee
18
19 # Ouverture de l'image
20 image_source = Image.open("image_source.jpg")
21 image_traitee = traitement(image_source)
22
23 # Sauvegarde de l'image
24 image_traitee.save("image_traitee.bmp", "BMP")
25 image_traitee.show()
```

Une façon simple de passer une image en couleurs en niveaux de gris est de remplacer le triplet (R, V, B) de chaque pixel par la moyenne arithmétique de R, V et B.
Par exemple, un pixel coloré de valeur (150,150,0) sera remplacé par (100,100,100).

1. Compléter les lignes 11 à 14 du programme afin que celui-ci passe l'image en niveaux de gris. Pour cela :
– calculer la moyenne des intensités des couleurs du pixel traité,
– convertir le nombre obtenu en entier grâce à la fonction `int()`,
– affecter cette valeur aux trois intensités de couleurs du pixel de la nouvelle image.

Moyenne = ...

R_traite = ...

V_traite = ...

B_traite = ...

2. Télécharger le programme et l'image sur : lycee.editions-bordas.fr/cahier-SNT. Compléter le programme, l'exécuter et vérifier le résultat.

3. Pourrait-on revenir à l'image couleurs à partir de l'image en niveaux de gris ?

....

....

....

....

4. A-t-on modifié la définition de l'image ?

....

5. Une information est dite redondante lorsqu'elle est répétée. Y a-t-il redondance pour le triplet (100,100,100) ? Que pourrait-on faire pour diminuer la taille de l'image en niveaux de gris ?

....

....

....

....

Une autre façon de transformer une image en niveau de gris consiste à remplacer la moyenne précédente par la valeur de :

`0.2125*R + 0.7154*V + 0.0721*B`.

6. Modifier votre programme afin d'obtenir une nouvelle image en niveaux de gris. L'exécuter.

7. Comparer les deux images obtenues. Voyez-vous une amélioration dans la seconde image ?

....

....

L'essentiel du cours

Les appareils photo numériques – y compris nos smartphones – sont des concentrés d'informatique : ils implémentent de très nombreux algorithmes pour faciliter la prise de vue et améliorer la qualité des images.

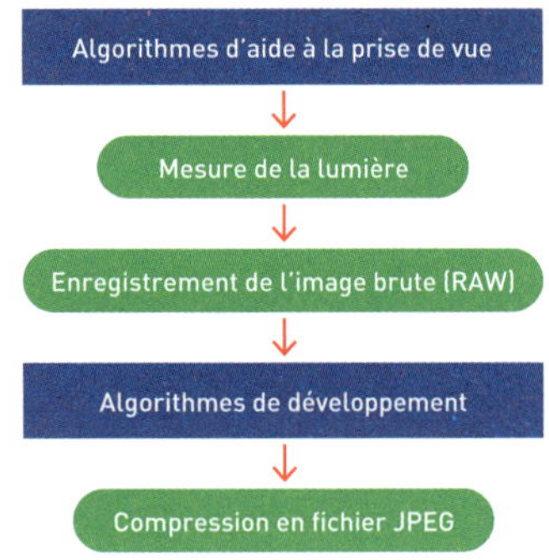

Les grandes étapes de la création d'une image avec un appareil photo numérique.

Algorithmes d'aide à la prise de vue

Avant l'ère du numérique, toute prise de vue était technique : il s'agissait par exemple d'adapter les réglages aux conditions de luminosité et de réaliser manuellement la mise au point.

Aujourd'hui, les appareils proposent systématiquement des **aides à la prise de vue** : calcul de l'exposition, mise au point automatique, détection des visages, stabilisation pour éviter le flou de bougé, etc. Il est désormais plus simple de prendre des photographies de qualité.

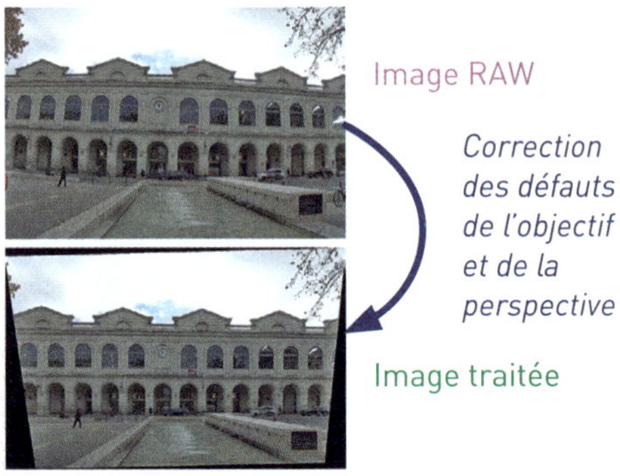

Exemple d'étape du traitement d'image.

Algorithmes de développement

Lors de la prise de vue, le capteur donne une image « brute » qui est ensuite traitée par le processeur d'images de l'appareil. Cette étape s'appelle le « **développement** ».

De très nombreux traitements sont effectués :
- le réglage de la lumière, du contraste, de la balance des blancs, du rendu des couleurs ;
- l'amélioration de la netteté via le réglage des micro-contrastes locaux ;
- la réduction du bruit, c'est-à-dire des signaux « parasites » qui perturbent l'image ;
- la compensation des déformations dues à l'objectif ; etc.

Ces traitements complexes sont effectués automatiquement à chaque prise de vue.

Sur certains appareils, il est possible de sauvegarder l'image RAW afin de la traiter manuellement.

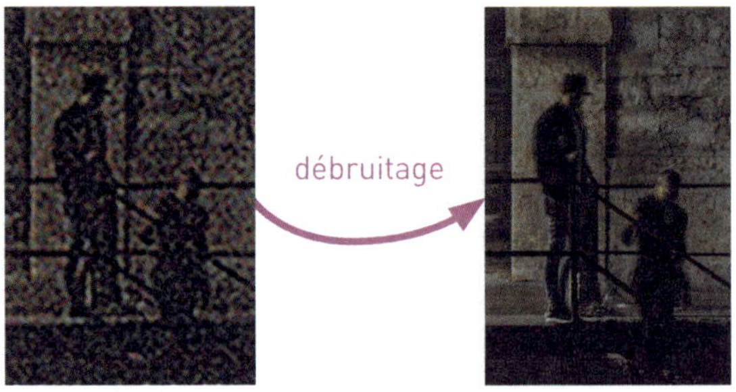

Débruitage d'image, rendu nécessaire par la prise de vue en basse luminosité.

Pour implémenter ces algorithmes, l'appareil a besoin d'un grand nombre d'informations : il prend donc de nombreuses images d'une même scène pour aboutir à une seule photographie.

Algorithmes de traitement d'image

Une fois l'image développée, elle peut être retouchée dans un but artistique ou ludique. Les **logiciels de traitement d'images** proposent de nombreux réglages manuels, ainsi que des **filtres** automatiques (vieillissement de l'image, saturation des couleurs, détourage…).

Avec le développement de l'intelligence artificielle, les algorithmes de traitement d'image sont capables de détecter la présence d'un objet, ou encore d'en calculer les caractéristiques. Ces algorithmes sont utiles dans de nombreux domaines comme la robotique, la médecine et l'astronomie.

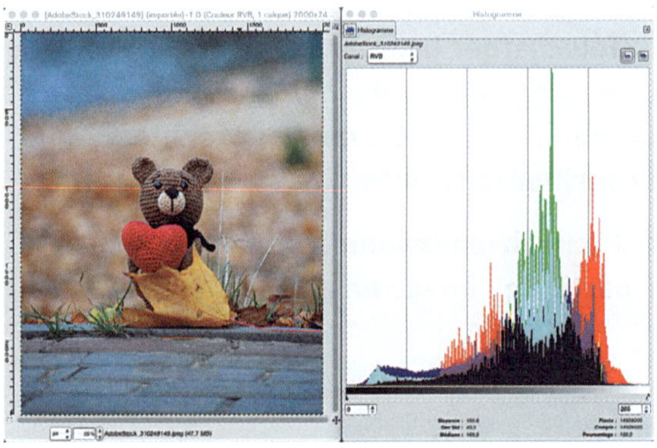

L'histogramme représente la distribution d'intensité des composantes R, V et B. Il permet un réglage fin des couleurs.

Les définitions à connaître

- Le **traitement d'images** consiste à modifier les images dans le but d'améliorer leur rendu ou d'en extraire de l'information.
- Le **contraste** est la différence de luminosité entre les zones claires et les zones sombres d'une image.
- Le **filtrage d'une image** consiste à traiter les pixels de cette image en fonction de leur couleur et de leur environnement immédiat, pour obtenir un effet.
- La **balance des blancs** est un réglage qui consiste à équilibrer les composantes de chaque couleur pour qu'une surface blanche dans le monde réel apparaisse blanche sur la photo. Ce réglage permet de compenser les variations d'éclairage.
- Le **micro-contraste** est la différence de luminosité entre deux zones proches de l'image. On l'augmente en rehaussant les contours.
- Le **négatif d'une image numérique** s'obtient en remplaçant chaque pixel coloré par un pixel de couleur complémentaire. Par exemple, pour une image en niveaux de gris sur 8 bits, un pixel d'intensité x a pour négatif un pixel d'intensité $(255 - x)$.

Carte mentale

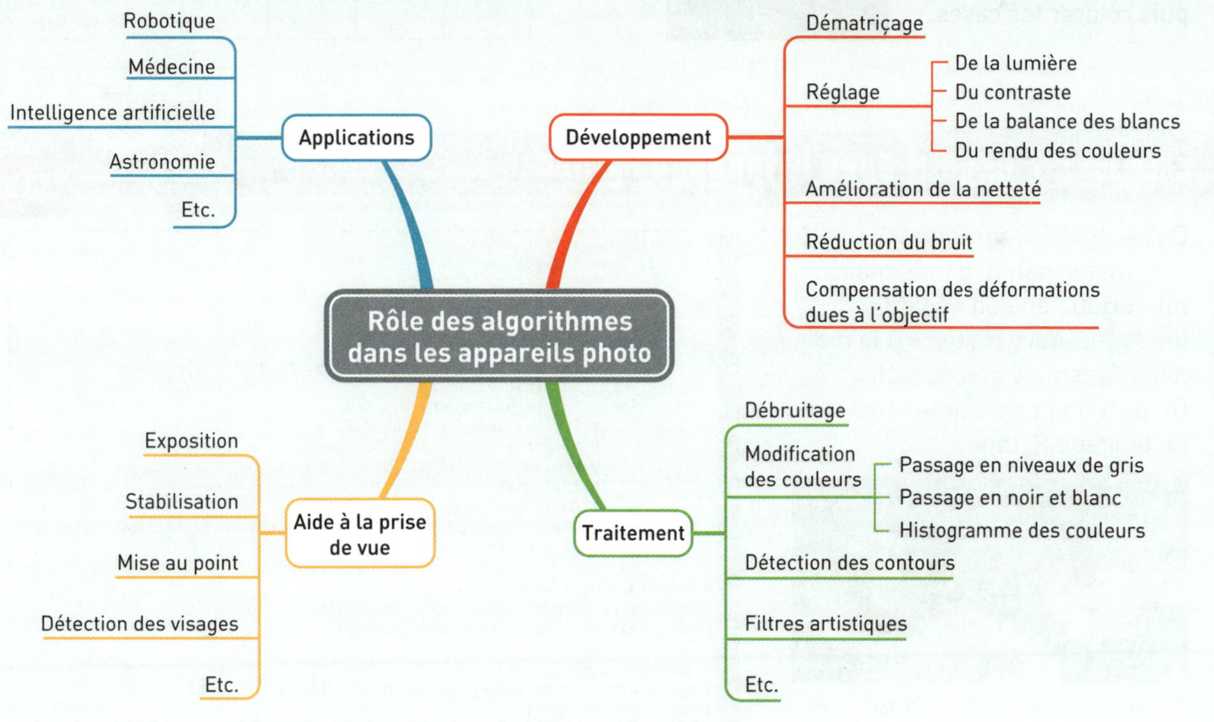

Ce qu'il faut retenir

Je dois être capable de :

- ☐ traiter une image à l'aide d'un programme en agissant sur les couleurs de ses pixels
- ☐ expliciter des algorithmes utilisés lors de la prise de vue
- ☐ identifier des étapes du développement d'une image numérique

EXERCICE 1 / Comment faire le négatif d'une image « à la main » ?

30 min

Le « négatif » d'une image est une version de cette image où toutes les couleurs ont été remplacées par leur couleur complémentaire, comme sur les anciennes pellicules argentiques. Dans le cas d'une image numérique, cela signifie que chaque valeur de couleur de ses pixels est remplacée par son complément. Par exemple, pour un codage RVB sur 24 bits, le pixel (255,12,200) aura pour négatif le pixel (255 – 255,255 – 12,255 – 200), c'est-à-dire (0,243,55).

rouge	vert	bleu	jaune	cyan
255 0 0	0 255 0	0 0 255	255 255 0	0 255 255

magenta	noir	gris	blanc
255 0 255	0 0 0	127 127 127	255 255 255

On souhaite construire le négatif de l'image ci-contre. Renseigner les valeurs de chacun des pixels dans la grille ci-contre, puis colorer les cases.

passage en négatif

255 255 0	....	....	....	....	....
....	....	....	....	....	....
....	....	....	....	....	....
....	....	....	....	....	....
....	....	....	....	....	....
....	....	....	....	....	....

EXERCICE 2 / Négatif avec le langage Python

30 min

On souhaite programmer la transformation d'une image numérique en son négatif (une procédure traitée « à la main » dans l'exercice précédent). On part du programme ci-contre en langage Python.

Image source Négatif

```
01 # Import des bibliothèques
02 from PIL import Image
03
04 def traitement(image):
05     # Dimensions de l'image
06     largeur, hauteur = image.size
07     image_traitee = Image.new('RGB', (largeur, hauteur))
08     for y in range(hauteur):
09         for x in range(largeur):
10             R, V, B = image.getpixel((x, y))
11             R_traite =
12             V_traite =
13             B_traite =
14             # Modification du pixel de l'image
15             image_traitee.putpixel((x, y), (R_traite, V_traite, B_traite))
16     return image_traitee
17
18 # Ouverture de l'image
19 image_source = Image.open("image_source.jpg")
20 image_traitee = traitement(image_source)
21
22 # Sauvegarde de l'image
23 image_traitee.save("image_traitee.bmp", "BMP")
24 image_traitee.show()
```

1. Quelles instructions faut-il reporter sur les lignes 11 à 13 ?

R_traite = ...

V_traite = ...

B_traite = ...

2. Télécharger le fichier `Negatif.py` et l'image sur : lycee.editions-bordas.fr/cahier-SNT. Compléter le programme et l'exécuter.

3. Que se passe-t-il si vous cherchez à obtenir le négatif de l'image obtenue à la question 2 ?

....

4. Une image et son négatif contiennent-elles autant d'information ?

....

....

....

Exercice 3 / Détection de contour

30 min

Lors du développement d'une image, certains appareils photo effectuent une détection des contours des objets visibles sur la scène afin de renforcer l'impression de netteté.
Le principe de la détection de contour est assez simple. On décrit ci-dessous le cas d'une image en noir (valeur 0) et blanc (valeur 1) à laquelle on applique un filtre dit « horizontal ». Ce filtre correspond au tableau suivant :

Image initiale

Image filtrée

– 1	0	1

Étape 1 : pour chaque pixel de l'image (sauf sur les bords), on considère une zone élargie nécessaire au traitement. Par exemple, pour le pixel rouge sur l'image ci-contre, on sélectionne une portion d'image de trois pixels :

1	1	1	1	0
1	0	0	1	0
0	0	1	1	0

	– 1	0	1
×			
	0	0	1
=	0	0	1

Étape 2 : placer le filtre et la portion d'image comme sur le schéma ci-contre.

Étape 3 : effectuer la multiplication des termes qui se trouvent les uns au-dessus des autres : (– 1) × 0 = 0, 0 × 0 = 0, 1 × 1 = 1.

Étape 4 : effectuer la somme des termes obtenus à l'étape 3 : 0 + 0 + 1 = 1.

Étape 5 : affecter cette valeur calculée au pixel correspondant sur l'image filtrée (on ne garde pas le signe du résultat). Pour le pixel rouge, on obtient la valeur 1 (au lieu de 0) sur l'image filtrée.

On traite l'image ci-dessous avec le filtre que nous venons de décrire.

1. Compléter le tableau de valeurs de l'image filtrée, puis colorier en noir les pixels 0.

0	0	0	0	0	0	0	0	0	0
0	0	0	0	0	0	0	0	0	0
0	0	0	0	0	0	0	0	0	0
0	0	0	0	0	0	0	0	0	0
0	0	0	1	1	1	1	0	0	0
0	0	0	1	1	1	1	0	0	0
0	0	0	1	1	1	1	0	0	0
0	0	0	1	1	1	1	0	0	0
0	0	0	0	0	0	0	0	0	0
0	0	0	0	0	0	0	0	0	0

Image initiale

0	0	0	0	0	0	0	0	0	0
0	0	0	0	0	0	0	0	0	0
0	0	0	0	0	0	0	0	0	0
0	0	0	0	0	0	0	0	0	0
0	0							0	0
0	0							0	0
0	0							0	0
0	0							0	0
0	0	0	0	0	0	0	0	0	0
0	0	0	0	0	0	0	0	0	0

Image filtrée

2. Ce filtre détecte-t-il les contours horizontaux ou les contours verticaux ?

....

3. Est-il possible de filtrer la totalité de l'image ? Pourquoi ?

....

....

Travailler en autonomie

Je révise pour l'évaluation

Aller sur lycee.editions-bordas.fr/cahier-SNT pour accéder à des QCM d'auto-évaluation.

SÉQUENCE 15

Programmation en Python

Le savais-tu ?

Anecdote 1

Un bogue peut provoquer, par exemple, un résultat incohérent ou l'affichage d'une erreur dans une page web. Les conséquences sont parfois dramatiques. En 1996, une erreur de programmation est à l'origine de l'explosion de la fusée *Ariane 5* lors de son premier lancement.

Anecdote 2

Le système d'exploitation Windows comporte plus de 50 millions de lignes de code.

Repères historiques

1972
Création du langage C, qui a influencé de nombreux autres langages comme Java, JavaScript et C++.

```
#include <stdio.h>

int main() {
        printf("Hello World !\n");
        return 0;
}
```

1991
Guido van Rossum rend public son langage Python, dont le nom est inspiré d'une série télévisée qu'il affectionne : *Monty Python's Flying Circus*.

Mai 1995
Création du langage Java.

Java

Décembre 1995
Création du langage JavaScript, principalement employé pour les pages web.

JS

Activité 1 / De Scratch à Python !

40 min

Au collège, vous avez découvert la programmation par blocs avec Scratch. Nous allons maintenant programmer avec le langage Python, un langage simple d'usage et largement répandu, utilisé au lycée.

Aller sur le site web lycee.editions-bordas.fr/cahier-SNT, séquence 15, et choisir l'interface « Du langage par blocs à Python ». Cette interface permet d'écrire un programme avec des blocs et d'obtenir en temps réel sa traduction en langage Python.

1. Le programme ci-dessous, écrit en langage par blocs, convertit un débit binaire exprimé en bit par seconde (bit/s) en octet par seconde (o/s) (un octet est composé de 8 bits).
Saisir le programme avec le langage par blocs, puis recopier le programme Python associé.

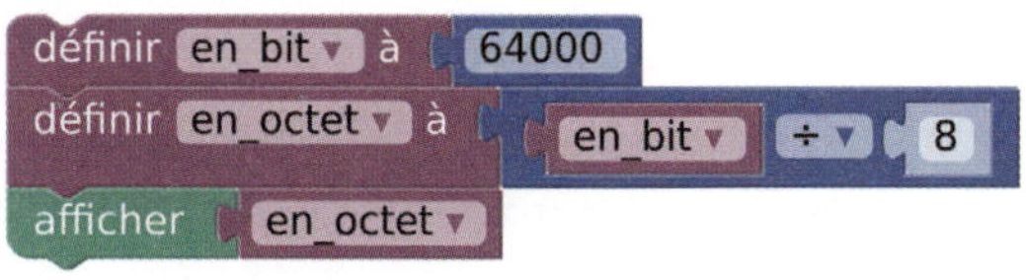

Le programme précédent se contente d'afficher la valeur calculée, ce qui n'est pas pratique pour effectuer d'autres traitements sur celle-ci. Nous allons donc le modifier.

2. a. Saisir le programme ci-dessous, écrit en langage par blocs, à l'aide du bouton ⚙. Puis tester le programme en cliquant sur ▶.

b. Recopier les instructions en langage Python qui définissent la fonction `conversion()`, en faisant attention à l'alignement en début de ligne.

En langage Python, le mot-clé `def` permet de définir une **fonction**. La ou les valeurs passées en entrée de la fonction sont appelées **argument(s)**. Dans le corps de la fonction, les instructions sont **indentées**, c'est-à-dire décalées vers la droite. Le mot-clé `return` permet de renvoyer la ou les valeur(s) calculée(s) par la fonction.

c. Dans la fonction `conversion()` écrite en langage Python, souligner l'argument et entourer la valeur renvoyée par celle-ci.

3. Dans votre calculatrice ou dans l'interface Python disponible sur lycee.editions-bordas.fr/cahier-SNT (séquence 15), saisir la fonction Python `conversion()` de la question 2.b.

4. Dans la console, exécuter l'instruction `conversion(64000)` et interpréter le résultat affiché.

On souhaite à présent exprimer le débit en kilooctet par seconde (ko/s).

5. Sous la première fonction, saisir la fonction Python `conversion_octet_ko()` ci-dessous. Puis exécuter `conversion_octet_ko(conversion(64000))` dans la console. Noter le résultat affiché et donner son interprétation.

```
def conversion_octet_ko(en_octet):
    en_ko = en_octet / 1000
    return en_ko
```

Activité 2 / Les instructions conditionnelles

20 min

Un site d'impression de photos affiche les tarifs ci-contre. On souhaite programmer un algorithme qui a pour paramètre le nombre de photos à imprimer, et renvoie le prix de la commande.

Tarifs de nos tirages
De 1 à 50 photos : 0,18 €/photo
Plus de 50 photos : 0,17 €/photo

1. a. Accéder à l'interface « Du langage par blocs à Python » sur le site lycee.editions-bordas.fr/cahier-SNT. Saisir la fonction en blocs ci-dessous à l'aide du bouton ⚙, puis la tester.

b. Recopier le programme correspondant écrit en langage Python.

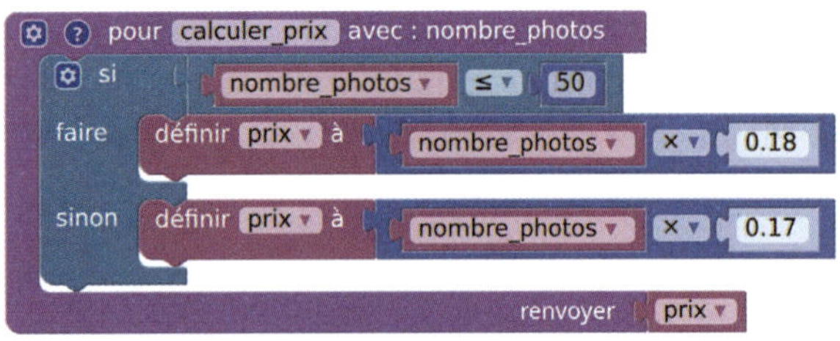

....
....
....
....
....
....

c. Entourer les mots-clefs du langage Python qui permettent d'exécuter des instructions en fonction d'une condition donnée.

Si la commande est supérieure à 100 photos, une promotion de 10 % s'applique sur le prix du tirage.

2. Modifier le programme en blocs afin de prendre en compte cette promotion. Recopier ci-contre les instructions supplémentaires en langage Python :

....
....
....

Activité 3 / Boucles bornée et non bornée

30 min

Au cours de l'année 2018, 1 800 exaoctets de données ont été échangées sur Internet. En 2019, cette valeur est passée à 2 400 exaoctets, ce qui représente une augmentation d'environ 33 %.

1. Accéder à l'interface « Du langage par blocs à Python » sur le site lycee.editions-bordas.fr/cahier-SNT. Saisir les fonctions en blocs suivantes en utilisant le bouton ⚙ et les tester.

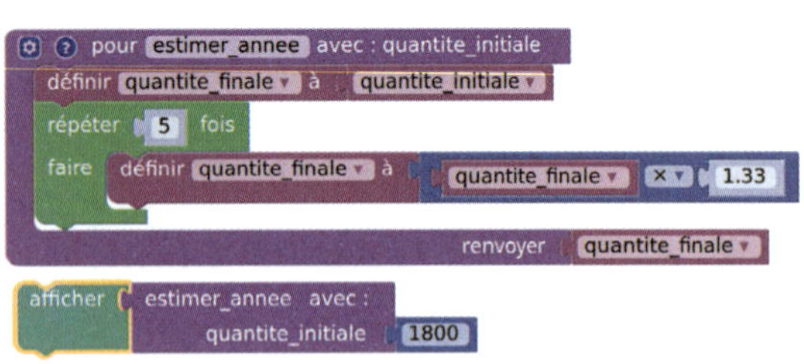

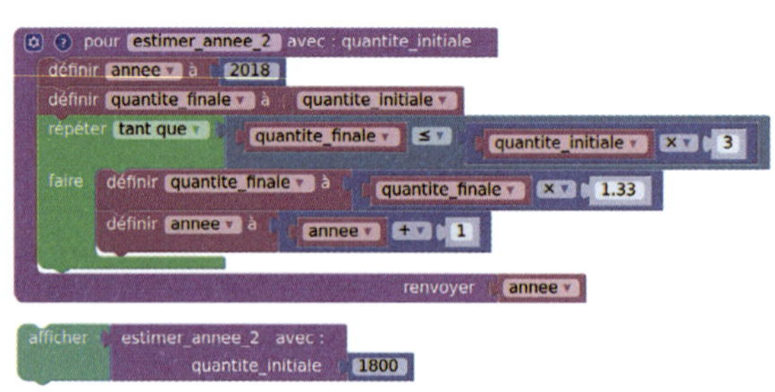

2. À l'aide de l'affichage, relier chaque mot-clé du langage Python à son utilisation :

`for` • • répéter les instructions indentées un certain nombre de fois.

`while` • • répéter les instructions indentées tant que la condition est vraie.

On veut déterminer en quelle année la quantité de données échangées sur Internet aura triplé par rapport à 2018, en considérant que l'augmentation sera de 33 % tous les ans.

3. Lequel des deux programmes précédents permet de résoudre le problème ? Justifier.

....
....

Activité 4 / Gérer un réseau à l'aide de listes

30 min

Sur un réseau pair-à-pair fictif dédié au partage de fichiers, chaque utilisateur a un numéro d'identification.
Le logiciel de gestion du réseau tient à jour la liste des utilisateurs connectés. Tous les identifiants doivent être uniques, et sont triés dans l'ordre croissant.
En langage Python, une **liste** est un ensemble de valeurs regroupées entre crochets et séparées par des virgules. Le premier élément a pour indice 0, le deuxième a pour indice 1, etc.

Quelques instructions pour manipuler une liste en Python

- `liste1=[e1,e2,e3]` crée une liste nommée *liste1* qui contient les éléments e1, e2 et e3.
- `len(liste1)` renvoie le nombre d'éléments de la liste nommée *liste1*.
- `liste1[i]` renvoie l'élément d'indice i de la liste nommée *liste1*.
- `liste1[i]=e` stocke l'élément e dans l'élément d'indice i de *liste1*.
- `liste1.append(e)` ajoute l'élément e à la fin de la liste nommée *liste1*.
- `liste1.insert(j,e)` insère l'élément e à l'indice j de la liste nommée *liste1*.
- `liste1.remove(e)` supprime la première apparition de la valeur e dans la liste nommée *liste1*.

Dans cette activité, nous travaillerons uniquement dans la console d'exécution d'une calculatrice ou dans la console de l'interface Python accessible sur le site web lycee.editions-bordas.fr/cahier-SNT.

À un instant donné, sept utilisateurs sont connectés au réseau.

1. Pour recenser les utilisateurs, créer une liste nommée `p2p`, composée de sept valeurs qui sont : 2, 3, 6, 7, 10, 12, 17. Recopier l'instruction correspondante.

....

2. Vérifier que vous avez bien saisi la liste dans l'ordre croissant en l'affichant dans la console. Pour cela, saisir `p2p` dans la console et appuyer sur la touche Entrée.

3. Écrire l'instruction nécessaire pour vérifier le nombre d'utilisateurs connectés.

....

4. Quelle instruction permet d'afficher l'identifiant du deuxième utilisateur connecté ?

....

Un nouvel utilisateur vient de se connecter. Le logiciel va lui attribuer un identifiant plus grand que le dernier élément de la liste.

5. a. Afficher le dernier élément de la liste. Recopier l'instruction correspondante :

....

b. Que fait l'instruction `p2p.append(p2p[len(p2p)-1]+1)` ?

....

....

....

....

L'utilisateur avec l'identifiant 1 veut se connecter au réseau. Le logiciel doit le mettre en premier dans la liste.

Pour chacune des tâches ci-dessous, préciser les instructions correspondantes en langage Python.

6. a. Afficher la valeur du premier élément de la liste :

....

b. Ajouter à la liste le nouvel utilisateur d'identifiant 1 :

....

L'utilisateur avec l'identifiant 10 s'est déconnecté.

7. Modifier la liste en conséquence :

....

8. Afficher le nombre d'utilisateurs connectés après tous ces changements :

....

L'essentiel du cours

Le **langage Python** est le langage utilisé au lycée. Il permet d'écrire des **programmes**, exécutés sur un ordinateur ou une calculatrice.

Les types de variable

Chaque **variable** Python a un type, par exemple :
- `int`, de l'anglais *integer* (« entier »), correspond aux entiers relatifs ;
- `float`, de l'anglais *floating-point number*, (« nombre à virgule flottante »), correspond à un mode de représentation des nombres réels pour lequel le séparateur entre les parties entière et décimale est un point ;
- `str`, de l'anglais *string of characters*, correspond à une chaîne de caractères ;
- `bool`, de l'anglais *boolean value* (« valeur booléenne »), correspond au résultat d'un test. Une variable de ce type prend deux valeurs : `True` (Vrai) ou `False` (Faux).

Opérations sur les variables

- a `=` 3 affecte la valeur 3 à la variable a.
- a`+`b, a`-`b, a`*`b, a`/`b effectuent respectivement l'addition de *a* et *b*, la soustraction de *b* à *a*, la multiplication de *a* par *b*, la division de *a* par *b*.
- a `**` b élève *a* à la puissance *b*.

Les fonctions

Une **fonction** est un ensemble d'instructions qui peut recevoir un ou plusieurs **arguments** (valeurs ou variables) et qui peut renvoyer le contenu d'une ou plusieurs variables.

On définit une fonction nommée *fonction1* qui prend en entrée des *arguments*, exécute toutes les instructions indentées puis renvoie *valeurs_renvoyées* comme suit :

```
def fonction1(arguments) :
    bloc_instructions
    return valeurs_renvoyées
```

Pour **appeler la fonction** dans une console d'exécution ou dans un programme, on indique son nom ainsi que ses arguments entre parenthèses : `fonction1(arguments)`.
Les fonctions Python **natives** comme `print()` sont des fonctions directement utilisables.

Les modules Python

Certaines fonctions Python sont déjà écrites et regroupées dans des **modules**. Elles nécessitent d'être importées avant utilisation.

Pour utiliser le module *nom_module*, on ajoute en début de programme l'instruction :

```
from nom_module import *
```

Le langage Python est sensible à l'**indentation**, c'est-à-dire à l'alignement en début de ligne.

Une variable Python est identifiée par un nom qui s'écrit avec des lettres, des chiffres, « _ », ... en évitant les mots-clés du langage comme `if`, `for` et `while`.

```
>>> a=5
>>> b=5/2
>>> b
2.5
```

La variable *a* est entière (type `int`), et la variable *b* est un nombre à virgule flottante (type `float`).

```
>>> 72//60
1
>>> 72%60
12
```

Deux exemples d'opérateurs : a `//` b renvoie le quotient de la division euclidienne de *a* par *b*, tandis que a `%` b renvoie le reste. Ainsi, la division euclidienne de 72 par 60 a pour quotient 1 et pour reste 12. Donc 72 minutes correspondent à 1 heure et 12 minutes.

```
def conversion(duree_en_minutes):
    heures = duree_en_minutes // 60
    minutes = duree_en_minutes % 60
    return heures, minutes
```

Cette fonction nommée `conversion()` prend en argument `duree_en_minutes` et renvoie deux valeurs qui sont nommées `heures` et `minutes`.

```
>>> date_h,date_min=conversion(72)
>>> date_h
1
>>> date_min
12
```

La première ligne correspond à l'appel de la fonction `conversion()` avec pour argument 72, et affecte le résultat aux variables `date_h` et `date_min`. Les lignes suivantes affichent les valeurs de ces variables.

L'instruction `print(a)` affiche la valeur de la variable *a*. Elle peut servir à vérifier que la variable *a* contient la valeur souhaitée au cours de l'exécution d'un ensemble d'instructions. La fonction `print()` est utile uniquement au débogage.

Le module **math** permet d'utiliser entre autres les fonctions `sin()`, `cos()`, la constante π...

L'essentiel du cours

L'instruction conditionnelle

Une instruction conditionnelle `if` (« si ») permet d'effectuer différents calculs ou actions en fonction de l'évaluation d'une condition. Si cette condition est vraie (`True`), la ou les instructions indentées après le test sont exécutées. Si la condition est fausse (`False`), elles ne sont pas exécutées.

```
if condition :
    bloc_instructions_1
```

On peut également préciser des instructions à effectuer si la condition est fausse à l'aide de l'instruction `else` :

```
if condition :
    bloc_instructions_1
else :
    bloc_instructions_2
```

Les conditions en Python

Voici quelques exemples de condition :

- a `==` b teste si *a* est égal à *b* ;
- a `!=` b teste si *a* est différent de *b* ;
- a `<` b teste si *a* est strictement inférieur à *b* ;
- a `<=` b teste si *a* est inférieur ou égal à *b*.

On peut également effectuer plusieurs tests à l'aide des opérateurs logiques `and` et `or`.

Les boucles non bornées

Une boucle non bornée `while` (« tant que ») permet de répéter un calcul ou une action tant que la condition donnée est vraie. Elle s'arrête dès que la condition devient fausse.

Pour exécuter en boucle la ou les instructions indentées du bloc tant que la condition est vraie, on inscrit :

```
while condition :
    bloc_instructions
```

Les boucles bornées

Une boucle bornée `for` permet de répéter un calcul ou une action un certain nombre de fois, fixé à l'avance.

Pour exécuter *n* fois la ou les instructions indentées d'un bloc d'instructions, à l'aide d'une variable entière allant de 0 à *n*-1 :

```
for variable in range(n) :
    bloc_instructions
```

Si la variable varie d'un entier *m* à *n*-1 (*n* > *m*), on remplace la première ligne par :

```
for variable in range(m,n)
```

```python
def positive(valeur):
    if valeur < 0:
        valeur = -valeur
    return valeur
```

Cette fonction transforme un nombre négatif en son opposé (de signe contraire). Si le nombre est positif ou nul, elle le laisse inchangé.

```python
def maximum(a, b):
    if a > b:
        valeur_maximale = a
    else:
        valeur_maximale = b
    return valeur_maximale
```

Cette fonction renvoie la valeur maximum entre deux valeurs données en arguments.

```python
def adsl(longueur, type):
    if type == 1  and longueur > 5000:
        return False
    elif type == 2  and longueur > 2000:
        return False
    else:
        return True
```

Cette fonction, qui prend pour paramètres le type de ligne ADSL et sa longueur en mètres, renvoie `True` si la ligne est de bonne qualité, et `False` sinon.

> Attention à ne pas confondre affectation (opérateur =) et test « est-il égal à » (opérateur ==).

```python
def consommation_doublee(consommation):
    annee = 0
    seuil = consommation * 2
    while consommation <= seuil:
        consommation = consommation * 1.08
        annee = annee + 1
    return annee
```

Cette fonction renvoie le nombre d'années au bout duquel la consommation d'un *data center*, qui augmente de 8 % par an, aura doublé.

```python
def puissances(n):
    somme = 0
    for i in range(1, n + 1):
        somme = somme + 2**i
    return somme
```

Cette fonction prend un nombre entier *n* pour argument et renvoie la somme des puissances de 2 pour *i* variant de 1 à *n*.

L'essentiel du cours

Généralités sur les listes

Une **liste** est un ensemble d'éléments regroupés de manière à pouvoir les manipuler facilement. Une liste n'a pas de taille fixée.
L'**indice** d'un élément permet de repérer sa position dans la liste.

Pour créer une liste nommée *liste1* qui contient les éléments e_1, e_2 et e_3, on exécute :

```
liste1=[e1,e2,e3]
```

Pour créer une liste vide nommée *liste2*, on exécute :

```
liste2=[]
```

Pour récupérer le nombre d'éléments d'une liste nommée *liste3*, on utilise la fonction native `len()` (abrégé du mot anglais *length* qui signifie « longueur ») :

```
len(liste3)
```

Pour récupérer ou modifier un élément d'indice *i* dans une liste nommée *liste1*, on utilise l'instruction :

```
liste1[i]
```

Remarque : `liste1[-1]` correspond également au dernier élément de la liste nommée *liste1*, et l'instruction `liste1[-2]` à l'avant-dernier élément de cette liste, et ainsi de suite.

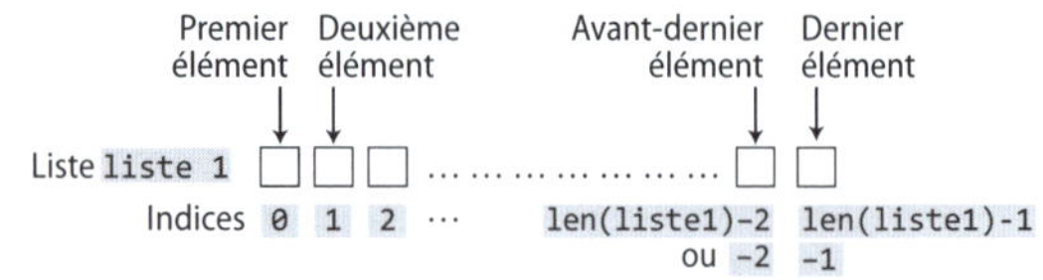

En Python, **le premier indice d'un élément d'une liste est 0**. Le deuxième élément de la liste a pour indice 1, et ainsi de suite.

```
>>> liste_valeurs=[10,12,15,17]
>>> liste_valeurs
[10, 12, 15, 17]
```

La première instruction dans la console permet de créer la liste nommée `liste_valeurs` et de lui affecter les valeurs 10,12, 15 et 17, dans cet ordre.

```
>>> len(liste_valeurs)
4
```

L'instruction permet d'afficher la longueur de la liste nommée `liste_valeurs`.

```
>>> liste_valeurs[2]
15
>>> liste_valeurs[1]=4
>>> liste_valeurs
[10, 4, 15, 17]
```

La première instruction permet d'afficher la valeur du 3e élément de la liste. La deuxième instruction permet d'affecter la valeur 4 au 2e élément de la liste.

Opérations sur les listes

- La méthode `append()` permet d'**ajouter** un élément à une liste (*append* signifie « ajouter » en anglais). Pour ajouter l'élément *e* à la fin de la liste nommée *liste1*, on exécute :

```
liste1.append(e)
```

```
>>> liste_valeurs.append(18)
>>> liste_valeurs
[10, 4, 15, 17, 18]
```

La première instruction ajoute un élément de valeur 18 à la fin de la liste.

> En insérant un élément dans une liste avec `append()`, la longueur de la liste augmente de 1. Ce n'est pas le cas suite à l'instruction `liste1[i]=e`, qui stocke l'élément e dans l'élément d'indice `i` de `liste1` sans modifier la longueur de la liste.

- La méthode insert permet d'**insérer** un élément dans une liste (*insert* signifie « insérer » en anglais). Pour insérer l'élément *e* à l'indice *j* de la liste nommée *liste1*, on exécute :

```
liste1.insert(j,e)
```

```
>>> liste_valeurs.insert(2,18)
>>> liste_valeurs
[10, 4, 18, 15, 17, 18]
```

La première instruction permet d'insérer la valeur 18 en troisième position.

- Pour **supprimer** un élément d'une liste, on a le choix entre deux instructions :
– la méthode `remove()` supprime la première apparition d'un élément de valeur donnée dans une liste (*remove* signifie « enlever » en anglais). Pour supprimer le premier l'élément de valeur *e* de la liste *liste1*, on exécute :

```
liste1.remove(e)
```

```
>>> liste_valeurs.remove(18)
>>> liste_valeurs
[10, 4, 15, 17, 18]
```

La première instruction permet de supprimer la première apparition de la valeur 18.

– la fonction `pop(i)` (*pop* signifie « enlever et renvoyer » en anglais, dans un contexte informatique) supprime et renvoie l'élément dont l'indice est précisé. Pour supprimer l'élément d'indice *i* de la liste *liste1*, on exécute :

```
liste1.pop(i)
```

Les définitions à connaître

- Une **instruction** est une opération élémentaire que doit accomplir un ordinateur.
- Un **algorithme** est une suite d'instructions à appliquer dans un ordre déterminé pour parvenir, en un nombre fini d'étapes, à un certain résultat.
- **Exécuter un programme** consiste à faire interpréter les instructions du programme par un ordinateur ou par une calculatrice.
- Une **console de programmation Python** permet d'exécuter des instructions ou d'appeler des fonctions écrites en langage Python.
- En informatique, une **variable** est un emplacement mémoire dans lequel on peut stocker un ou plusieurs éléments.
- Une **fonction Python** est un ensemble d'instructions écrites en langage Python que l'on peut appeler de la console de programmation ou à partir d'une autre fonction Python.
- Un **module** regroupe un certain nombre de fonctions utiles afin de faciliter l'écriture de programmes. Une **fonction native** est une fonction qui ne nécessite pas d'importation de module pour être utilisée.
- L'instruction **conditionnelle** `if` permet de conditionner l'exécution d'instructions au résultat d'un test (vrai, `True` ; ou faux, `False`).
- Une **boucle non bornée** `while` permet de répéter un calcul ou une action tant que la condition est vraie. Elle s'arrête donc dès que la condition est fausse ou qu'elle devient fausse.
- Une **boucle bornée** `for` permet de répéter un calcul ou une action un certain nombre de fois, fixé à l'avance.

Carte mentale

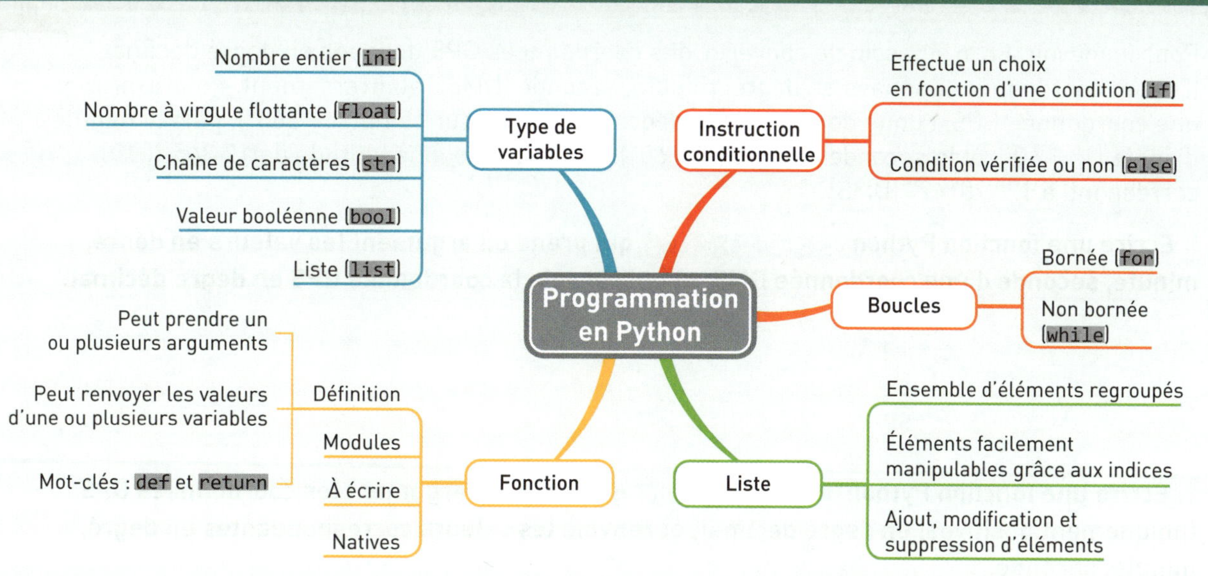

Ce qu'il faut retenir

Je dois être capable de :

- ☐ écrire et développer des programmes pour répondre à des problèmes
- ☐ écrire et développer des programmes pour modéliser des phénomènes physiques, économiques et sociaux

Les exercices suivants sont réalisables sur calculatrice ou sur l'interface Python disponible sur la page web lycee.editions-bordas.fr/cahier-SNT, séquence 15.

EXERCICE 1 / Distance entre un récepteur GPS et un satellite

25 min

Un récepteur GPS a reçu, à 16 h 00 min 0 s 15 ms, le signal émis par un satellite à 15 h 59 min 59 s 910 ms. Le signal se propage à environ 300 000 km/s.

1. Écrire en langage Python une fonction `temps_en_secondes()` qui prend en argument un horaire donné en heure, minute, seconde et milliseconde, et qui renvoie son équivalent en seconde.

2. Écrire en langage Python une fonction `distance()` qui prend en arguments l'horaire d'arrivée du message et son horaire d'émission, en seconde, et qui renvoie la distance parcourue par le signal, en kilomètre.

3. Interpréter le résultat de l'instruction ci-contre.

```
>>> distance(temps_en_secondes(15,59,59,910),temps_en_secondes(16,0,0,15))
31499.99999877764
```

EXERCICE 2 / Conversion de coordonnées GPS

20 min

Pour un devoir, Enzo a besoin de convertir des coordonnées GPS données en degré décimal (DD) en coordonnées données en degré, minute, seconde (DMS), et inversement. Pour exprimer une coordonnée GPS, l'unité de base est le degré d'angle (1 tour complet = 360°), puis la minute d'angle (1° = 60'), et la seconde d'angle (1' = 60"). Par exemple, une latitude de 12,345 °(DD) correspond à 12° 20' 42" (DMS).

1. Écrire une fonction Python `dms_a_decimale()` qui prend en argument les valeurs en degré, minute, seconde d'une coordonnée DMS, et qui renvoie la coordonnée GPS en degré décimal.

2. Écrire une fonction Python `decimale_a_dms()` qui prend en argument les coordonnées GPS (uniquement positives) en degré décimal, et renvoie les valeurs correspondantes en degré, minute, seconde.

3. Tester vos deux fonctions dans la console à l'aide des deux exemples ci-dessous.

```
>>> decimale_a_dms(12.345)
(12.0, 20.0, 42.0)
```

```
>>> dms_a_decimale(12,20,42)
12.345
```

EXERCICE 3 / Promotion sur les appareils photo numériques

20 min

Un site de vente en ligne propose une promotion sur les appareils photo numériques.
Si l'appareil coûte moins de 100 €, la promotion est de 10 %. Si l'appareil coûte 100 € ou plus, la promotion est de 20 %. Les frais de port de 10 € sont offerts si le montant de la commande, après promotion (et hors frais de port), est supérieur à 150 €.

Écrire une fonction qui prend en argument le prix initial de l'appareil photo, et qui renvoie le prix final de la commande.
La tester pour différentes valeurs.

EXERCICE 4 / Trouver le bogue !

20 min

Lucas a lu que l'écran de son ordinateur affichait jusqu'à 16 millions de couleurs différentes. Pour savoir combien de bits sont nécessaires pour coder autant de couleurs, il a écrit la fonction Python ci-contre.

```
01 def compte_bits(valeur):
02     nb_bits = 1
03     while valeur < 2**nb_bits:
04         nb_bits = nb_bits + 1
05     return nb_bits
```

L'appel `compte_bits(16000000)` renvoie 1. Lucas se rend compte qu'il y a un bogue dans son programme.

1. Indiquer l'instruction correcte à écrire en troisième ligne de la fonction.

2. Combien de bits sont nécessaires pour coder 16 millions de couleurs ?

EXERCICE 5 / Une avalanche d'*e-mails*

20 min

Noëlle a reçu 10 000 *e-mails* cette année. Elle a remarqué que chaque année, elle reçoit 5 % d'*e-mails* supplémentaires par rapport à l'année précédente.

1. Que permet de calculer la fonction écrite en langage Python ci-dessous ?

```
def mails(nombre, t, n):
    for i in range(n):
        nombre = nombre * (1 + t / 100)
    return nombre
```

2. Qu'écrire dans la console Python afin d'afficher le nombre d'*e-mails* que Noëlle recevra dans six ans ?

3. Modifier la fonction `mails()` afin qu'elle renvoie le nombre total d'*e-mails* reçus par Noëlle au cours de cette année et les *n* années suivantes.

EXERCICE 6 / Liste de pages web

40 min

Mila navigue sur un site web en cliquant sur des liens hypertextes pour passer d'une page à l'autre. Son navigateur stocke la liste des pages avec des identifiants numériques uniques.

Nous allons simuler la constitution de cet historique de navigation à l'aide d'une liste Python. La liste contiendra des numéros de page, conservés dans l'ordre de visite. À un instant donné, Mila a visité sept pages sur le site.

Reculer d'une page

1. Créer une liste nommée `pages` contenant dans l'ordre les numéros : 2, 13, 26, 17, 11, 12, 18, pour recenser les pages déjà visitées.

2. Vérifier que vous avez bien saisi la liste en l'affichant dans la console.
Quelle instruction faut-il écrire ?
Écrire l'instruction nécessaire pour compter le nombre de pages visitées.

3. Comment afficher :
a. le numéro de la 4e page visitée ?

b. l'identifiant de la dernière page visitée ?

Mila vient de visiter la page 33.

4. Écrire une instruction pour ajouter cette page à la liste.

Mila clique deux fois sur le bouton « précédent ».

5. Écrire l'instruction qui permet d'afficher le numéro de la page à laquelle accède Mila.

Quand on utilise le bouton « précédent » à partir d'une certaine page *i*, puis que l'on visite d'autres pages, le navigateur supprime de l'historique toutes les pages qui suivaient la page *i* pour les remplacer par le nouveau parcours de navigation.

6. Écrire une fonction `modification()` qui prend en arguments : la liste `pages` contenant l'historique de navigation ; le nombre `n` de clics successifs sur le bouton « précédent » ; et la liste des pages visitées après l'utilisation du bouton « précédent », appelée `liste`.
La fonction renvoie la liste `pages` mise à jour, où les anciennes pages désormais inutiles sont supprimées, et où les nouvelles pages visitées ont été ajoutées.

Après avoir cliqué deux fois sur le bouton « précédent », Mila clique sur un lien hypertexte pour accéder à la page 77, puis sur un autre lien qui l'envoie sur la page 34.

7. Écrire l'appel de la fonction `modification()` qui permet de mettre à jour l'historique de navigation de Mila.

8. Vérifier le nombre de pages stockées dans l'historique et l'état final de la liste.

Travailler en autonomie

Je révise pour l'évaluation

Aller sur lycee.editions-bordas.fr/cahier-SNT pour accéder à des QCM d'auto-évaluation.

Pour aller plus loin en programmation

Aller sur lycee.editions-bordas.fr/cahier-SNT pour accéder à des jeux à programmer.
Choisir un jeu à programmer, puis suivre les instructions données dans la page.
Vos programmes sont sauvegardés dans votre navigateur sans utilisation d'un mot de passe.

Index

Crédits photographiques

4 h © xiaoliangge* ; **4** b © INRIA ; **10** ©Jiri Hera* ; **11** © HUNG KUO CHUN/Getty Images/iStockphoto ; **12** © Shutterstock / Vicente Barcelo Varona ; **16** © AA-AMIE/iStock ; **18** © alexlmx* ; **19** h ph ©Myst* ; **19**b : ph © Bitmain ; **20** ph ©Tierney* ; **24** h ph © Shutterstock / Georgejmclittle ; **24** b © Shutterstock / Marie Maerz ; **26** © hakinmhan* ; **28** © Shutterstock / REDPIXEL.PL ; **29** Robot Gomer © Technologie Services ; **30** © Dmitriy Miroliubov/Shutterstock ; **36** h © Aleksei* ; **36** b © Aleksei * ; **38** © Arend van Dam ; **39** © Ministère de l'Education Nationale et de la jeunesse ; **40** ph © zephyr_p* ; **44** © Premium Stock* ; **45** © Bonny/ AdobeStock ; **48** © gstockstudio* ; **52** h © Framestock* ; **52** b g © Photo12/Alamy/Zoonar GmbH ; **52** b d https://atariwiki.org/ ; **53** © Rawpixel.com* ; **56** et **58** © Kirill//Shutterstock ; **60** © jxfzsy/Getty Images/iStockphoto ; **61** © scharfsinn86* ; **63** © FiledIMAGE* ; **66** © Gilles ROLLE/REA ; **67** © Shutterstock / silverkblackstock ; **68** h © ESA-P. Carril ; **68** b g © Photo12/Alamy/Chris Willson ; **68** b m © Galileo ; **68** b d © Imago/Leemage ; **69** © fotoflash* ; **70** © IGN ; **71** ©Roman Bodnarchuk* ; **72** h © HAMILTON/REA ; **72** b © Digital Vision Vectors/Getty Images ; **74** h © Costa/leemage ; **74** b g © Shutterstock / Takashi Images ; **74** b m © Colin & Linda McKie* ; **74** b d © Yvann K* ; **75** © Robert Adrian Hillman/Shutterstock ; **76** h © carballo* ; 76 b g © Photo12/Alamy/ Hugh Threlfall ; **76** b m © Shutterstock / Andrey_Popov ; **76** b d © Waze ; **77** © IGN, FEDER, Région Hauts de France, Open Street Map ; **78** h © VectorKIF/Getty Images/iStockphoto ; **78** b © Les contributeurs d'OpenStreetMap ; **79** © Katarzyna* ; **80** h © IGN ; **80** b Tabl-trai/Wikimedia Commons ; **82** © IGN ; **83** © Michel Monnot ; **84** h © elenabsl* ; **84** b g © Photo12/Alamy/Science History Images ; **84** b m Thomas Nguyen/Wikimedia commons ; **84** b d © Shutterstock/emo ; **85** Shutterstock/Eshma ; **86** © Ljupco Smokovski* ; **87** © Kung37* ; **88** h © Shutterstock/metamorworks ; **88** m © microbit ; **88** m b moteur pas à pas hybride modèle PJP42 de marque NPM distribué par ALCYON ÉLECTRONIQUE ; **88** b © Deltadore ; **92** h ©ipopba* ; **92** b g https://bimaplus.org ; **92** b d © Hulton Archive/Getty Images ; **93** © microbit ; **95** © Photo12/Alamy/Aleksey Popov ; **96** m © Gotronics ; **96** b © Shutterstock/ industryviews ; **98** © Photo12/Alamy/Evgeny Haritonov ; **100** h © Yakobchuk Olena* ; **100** b g Den1980/Wikimedia Commons ; **100** b m Janke/Wikimedia Commons ; **100** b d https://www.laboiteverte.fr/ ; **101** h © drutska* ; **101** b ph © SUKTSHAT* ; **106** © Jürgen Acker* ; **107** h © jen2215* ; **107** b © HendrikMandla* ; **108** h ©zapp2photo* ; **108** b g © chapinasu* ; **108** b m © Shutterstock / Ensuper ; **108** b d © Shutterstock / Sashkin ; **109** © paultarasenko* ; **110** © Kirsty Pargeter* ; **111** © Jürgen Acker* ; **112** m © Krystian* ; **112** b © Anton* ; **114** © Jürgen Acker* ; **115** © francescomou* ; **116** © rh2010* ; **118** © Scanrail* ; **119** © Yuri_Arcurs/ E+/iStock

* stock.adobe.com

Direction éditoriale : Julien Barret
Édition : Malik Agina
Dessins Techniques : Lionel Buchet
Conception graphique : Delphine Guechot
Couverture : Frédéric Jély
Réalisation : Mediamax
Recherche iconographique : Clémence Zagorski
Fabrication : Jean-Philippe Dore
Direction artistique : Pierre Taillemite
Photogravure : Irylis

MIXTE
Papier issu de sources responsables
FSC® C022030
FSC www.fsc.org

Bordas est un éditeur qui s'engage pour la préservation de l'environnement et utilise du papier issu de forêts gérées de manière responsable et d'autres sources contrôlées.

Ce cahier a été imprimé en France en juin 2022 par Imprimerie de Champagne, imprimeur certifié IMPRIM'VERT®

N° de projet : 10284485
Dépôt légal : avril 2020